PAUL GAULOT

Un Complot

sous

La Terreur

MARIE-ANTOINETTE — TOULAN — JARJAYES

AVEC SIX PORTRAITS ET FAC-SIMILE

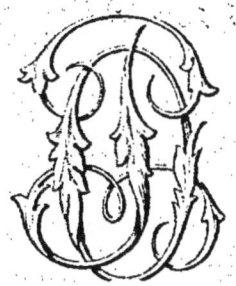

PARIS

PAUL OLLENDORFF, ÉDITEUR

28 *bis*, RUE DE RICHELIEU, 28 *bis*

1889

Tous droits réservés.

Un Complot

sous

La Terreur

OUVRAGES DU MÊME AUTEUR

ROMANS

Mademoiselle de Poncin, grand in-18 . . . . 1 vol.
Le Mariage de Jules Lavernat . . . . 1 vol.
L'Illustre Casaubon . . . . 1 vol.

MONOLOGUE

Le Chemin, saynète en vers, dite par Mlle Suzanne Reichenberg.

Pour paraître prochainement :

Une Race qui finit, roman publié dans *le Gaulois* (septembre-novembre 1888).

Les Défiances de Marthe, roman publié dans *l'Illustration* (août-octobre 1887).

En préparation :

Un Ami de la Reine,
Pour sauver la Reine.

PORTRAIT DE MARIE-ANTOINETTE, PAR PRIEUR
(Musée Carnavalet).

PAUL GAULOT

Un Complot
sous
La Terreur

MARIE-ANTOINETTE — TOULAN — JARJAYES

AVEC SIX PORTRAITS ET FAC-SIMILE

PARIS
PAUL OLLENDORFF, ÉDITEUR
28 bis, RUE DE RICHELIEU, 28 bis

1889
Tous droits réservés.

Il a été tiré dix exemplaires sur papier de Hollande numérotés à la presse (1 à 10).

PRÉFACE

Il y a quelque dix-huit mois, on me montra des autographes de la reine Marie-Antoinette et une lettre du comte de Provence (depuis Louis XVIII). La personne qui les possède voulut bien m'autoriser à les faire reproduire et à les publier.

Ces billets se rapportent à une époque curieuse et terrible et ils ont trait à un des événements les plus dramatiques et les moins connus de ce temps-là.

Désireux de ne les placer sous les yeux du public que dans le cadre qui leur convient et dans le récit même des événements auxquels ils sont liés, je me mis à étudier cette période de l'histoire de la Révolution.

Guidé par une savante monographie de M. Léon Lecestre, parue dans la *Revue des Questions historiques*, en avril 1886, aidé par les conseils bienveillants et la précieuse érudition de MM. les Conservateurs de la Bibliothèque nationale, des Archives et du musée Carnavalet[1], je suis parvenu à joindre aux billets que je possédais déjà des documents du plus vif intérêt.

Je vis alors, sous mes recherches, s'élargir peu à peu le cadre que je m'étais tracé. Au lieu d'un fait isolé ou de minime importance, je rencontrai un complot véritable, dont tous les préparatifs aussi bien que les péripéties diverses et les suites se révélaient pour la première fois.

De plus, à côté de ces premiers documents, le hasard me fit trouver dans le dossier de Toulan, aux Archives nationales, une série de

---

1. Je remercie ici tout particulièrement M. J. Cousin, Conservateur du musée Carnavalet, qui a bien voulu m'autoriser à reproduire le portrait de Marie-Antoinette, par Prieur, et l'estampe représentant le Temple.

lettres piquantes, familières et originales, qui, tout en se rapportant intimement au récit que j'avais entrepris, offraient cet inestimable avantage d'ouvrir un jour nouveau sur les habitudes, sur les mœurs de ce temps, et de nous initier à l'existence de la classe moyenne, mi-bourgeoisie, mi-peuple, pendant la Terreur.

J'ai donné au *Gaulois,* en janvier dernier, un aperçu de cette étude. Ce journal avait libéralement mis à ma disposition les colonnes d'un supplément entier; mais, si large qu'ait été l'hospitalité qu'il voulut bien m'offrir, il ne put accueillir qu'une très faible partie de mon travail; aujourd'hui, plus à l'aise dans le livre, je complète cette première ébauche. Le récit du complot remplit le présent volume.

Tout en fouillant cette époque et en cherchant ce qui touchait directement à la tentative de Toulan et de Jarjayes, j'ai lu nombre d'ouvrages et feuilleté plusieurs dossiers, remplis de renseignements précieux. J'étais en plein, sinon dans l'inédit, du moins dans l'inconnu.

Et à mesure qu'avançait ce travail, bien des points obscurs s'éclairaient pour moi ; je comprenais mieux la Révolution française, et, à côté de la narration anecdotique, j'entrevis une vulgarisation à tenter d'une partie de cette histoire, notamment celle des rapports de la cour de France avec les cours d'Europe en 1791-1792.

Borné à ce seul sujet, un livre serait assurément d'une lecture aride. Mais dans ce temps, merveilleux pour l'écrivain, tout semble se poétiser, se dramatiser à l'envi, et la politique comme l'histoire s'incarne dans des personnages intéressants au plus haut degré. Le héros, ici, sera le comte Axel de Fersen, celui qui aima la Reine et que la Reine aima, et dont la voix publique a fait à cette époque un amant heureux. Le sort tragique, qui devait à dix-sept ans d'intervalle terminer l'existence de l'un et de l'autre, jette sur leur histoire, commencée dans la joie, un voile sombre ; mais quel est l'historien qui pourrait écrire sans rappeler des douleurs ?

PRÉFACE.

Ce volume portera pour titre : « *Un ami de la Reine.* »

Ce n'est pas tout; d'autres tentatives que celle de Toulan et de Jarjayes seront faites pour délivrer Marie-Antoinette : par des royalistes, Michonis, le baron de Batz et le chevalier de Rougeville; par le gouvernement révolutionnaire lui-même (mission Maret-Sémonville). Ce sera la matière d'un troisième ouvrage intitulé : « *Pour sauver la Reine.* »

Sur ce récit viendra se greffer celui de divers incidents, souvent mal connus, comme l'aventure du serrurier Gamain (*Armoire de fer*), la messe soi-disant célébrée à la Conciergerie, messe pendant laquelle la prisonnière aurait reçu la communion, etc., points obscurs qui méritent d'être étudiés et discutés. Parlerai-je aussi du sort mystérieux de Louis XVII, de sa mort ou de son évasion? C'est fort probable : la question est toujours actuelle.

Dans cette série de récits et d'études, si je ne puis garantir au lecteur d'avoir partout découvert la vérité, je puis certainement lui garantir ma sincérité. J'ai cherché une opinion dans les documents et non point des documents pour une opinion.

Ma seule préoccupation est de ne pas tromper mon lecteur, et si, par surcroît, je puis arriver à l'intéresser et peut-être à l'instruire, mon plus ambitieux espoir se trouvera réalisé.

PAUL GAULOT.

25 août 1888.

PREMIÈRE PARTIE

LE SÉJOUR AU TEMPLE

13 AOUT 1792 — 21 JANVIER 1793

CHAPITRE PREMIER

Le retour à Paris après les journées d'octobre. — La famille royale prisonnière aux Tuileries. — La fuite à Varennes. — L'agonie de la royauté. — Insultes à la famille royale. — Le Dix-Août. — Les Feuillants.

Lorsqu'après les journées d'octobre 1789, Louis XVI, cédant à l'émeute, rentra dans Paris avec la famille royale, ce fut en réalité le commencement d'une captivité qui, sauf pour Marie-Thérèse sa fille, ne devait finir que par la mort.

Si le Roi, en quittant Versailles pour satisfaire au vœu, étrangement manifesté, du peuple de Paris, eut des illusions, celles-ci ne tardèrent pas à se dissiper. Les Tuileries ne furent qu'une espèce de prison, dont les gardes nationaux étaient les geôliers, sous le commandement de Lafayette, et où les honneurs rendus aux personnes royales dissimulaient mal l'étroite surveillance dont elles étaient l'objet.

Une fois le Roi tenta, sinon de ressaisir l'autorité, du moins de se soustraire à cette humiliante sujétion ; mais le projet, maladroitement conçu, maladroitement exécuté, ne réussit pas (21 juin 1791). Arrêtés à Varennes, les fugitifs furent ramenés à Paris, et cette tentative avortée n'eut d'autre résultat que de rendre la situation plus fausse et plus terrible.

Dès lors la lutte qui, jusqu'à ce moment, avait conservé des apparences respectueuses, devint âpre, violente, impitoyable. Paris frémissant, défiant, haineux, avait besoin d'une proie : il la tenait et entendait bien ne pas s'en dessaisir.

Louis XVI était vaincu d'avance. De tous les souverains que la maison de Bourbon a donnés à la France, il était assurément le moins propre à comprendre les aspirations de son époque, à les seconder dans ce qu'elles avaient de légitime, à les combattre dans ce qu'elles contenaient de périlleux et de néfaste. Son cœur était bon, mais son intelligence était médiocre, et l'éducation qu'il avait reçue autant que son caractère lui avaient laissé une mauvaise honte, une défiance de lui-même qui le paralysaient complètement. Il avait peur du commandement et craignait plus que toute autre chose de parler aux hommes réunis. D'ailleurs la nature ne l'avait guère avantagé. S'il avait des traits assez nobles, empreints d'une teinte mélancolique, sa démarche était lourde, sans prestige; sa personne plus que négligée; ses cheveux, quel que fût le talent de son coiffeur, étaient promptement en désordre par le peu de soin qu'il mettait à sa tenue. Son organe, sans être dur, n'avait rien d'agréable; s'il s'animait en parlant, il lui arrivait souvent de passer du médium de sa voix à des sons aigus[1]. En un mot, rien, dans son aspect, ne correspondait à l'idée qu'on pouvait encore se faire de la majesté royale...

Par contre, il semble que la Reine possédât tout ce qui manquait au Roi : la légende, qui s'est emparée de cette époque entière, en trace un merveilleux portrait... L'histoire, sans y contredire absolument, est plus réservée, et voici ce qu'elle dit par la plume d'un contemporain, bien placé pour voir et pour être véridique, Sénac de Meilhan :

« Marie-Antoinette d'Autriche avait plus d'éclat que de beauté. Aucun de ses traits pris séparément n'avait rien de remarquable, mais leur ensemble avait le plus grand agrément. Ce mot si prodigué de charmes était, pour peindre les grâces de cet ensemble, le mot propre. Aucune femme ne portait mieux sa tête, qui était attachée de

---

1. *Mémoires* de Mme Campan, t. I, p. 123; — t. II, p. 230.

manière à ce que chacun de ses mouvements eût de la grâce et de la noblesse. Sa démarche, noble et légère, rappelait cette expression de Virgile : *Incessu patuit Dea*. Ce qu'on remarquait dans sa personne était l'union de la grâce et de la dignité la plus imposante. Son esprit n'avait rien de brillant et elle n'annonçait à cet égard aucune prétention. Mais il y avait dans elle quelque chose qui tenait de l'inspiration et qui lui faisait trouver au moment ce qui convenait le plus aux circonstances, ainsi que les expressions les plus justes. C'était plutôt de l'âme que de l'esprit que partaient alors ses discours et ses réponses... »

Et à ce portrait, Sénac de Meilhan ajoute ces judicieuses remarques : « Entièrement livrée à elle-même à vingt ans, étrangère, belle, aimable, toute-puissante sur le cœur et l'esprit d'un Roi aussi jeune qu'elle, environnée de séductions, elle fit des imprudences, applaudies alors, transformées dans la suite en crimes. Objet de l'enthousiasme public, elle n'était point avertie de ses fautes et de la légèreté de sa conduite...[1] »

Elle paya plus tard bien chèrement ces imprudences. Quand la Révolution éclata, le peuple, toujours extrême en ses sentiments, la haïssait

---

[1]. *Portraits et caractères*, p. 74.

avec la même fureur qu'il l'avait aimée. Pour lui, elle était le mauvais génie de la royauté, l'origine et la cause des malheurs publics.

Pouvait-elle remonter un tel courant? Non, la chose était au-dessus des forces humaines. Elle comprit la situation; elle fut à la hauteur des événements, dès que les événements devinrent périlleux et tragiques; mais son impopularité paralysa ses efforts. Elle dut subir, résignée au dehors, frémissante au dedans, le sort humiliant réservé aux derniers représentants de la royauté par la faiblesse de son époux.

Ce que furent pour elle les mois qui suivirent le retour à Paris et précédèrent la chute finale, il est aisé de le deviner. Cette période, qui va du 26 juin 1791 au 10 août 1792, fut en effet, sinon la plus sanglante, du moins la plus agitée, peut-être la plus douloureuse.

Tout était incertitude et confusion: chaque jour voyait naître et disparaître dans l'esprit désemparé du Roi les résolutions les plus contraires.

Tantôt il semblait faire un pas vers la Révolution, et les royalistes fidèles blâmaient hautement sa faiblesse; tantôt, d'un retour brusque, il se rejetait vers eux, et les constitutionnels l'accusaient de duplicité... Au-dessous de ces partis, la masse, qui souffrait des suites d'un hiver rigoureux, de la disette, du déplorable état des affaires, acceptait également toutes les accusations et criait à la trahison. Pour comble de malheurs, l'émigration enlevait à la royauté ses défenseurs naturels, et la ruinait plus sûrement en la compromettant avec l'étranger.

Pendant ce temps, environnée d'ennemis, obligée de se défier de tous, la Reine n'ose plus correspondre ouvertement avec ceux qu'elle sait encore ses amis. C'est à peine si elle se risque à confier à quelque serviteur dévoué un billet non signé, où elle déguise les noms, où elle dissimule sa pensée sous un langage conventionnel et figuré...

Comme en tout esprit humain, les alternatives de crainte et d'espérance ballottent sa pauvre âme agitée. Elle tremble pour ses enfants; elle redoute pour la royauté, sinon pour le Roi, les plus tristes humiliations; elle prévoit pour elle-même les plus affreuses destinées. Elle lutte néanmoins.

Elle ne peut pas se mettre à la tête des bataillons fidèles ni endosser ce costume populaire des gardes nationaux, que le Roi n'ose pas prendre, parce qu'il craint ainsi d'enfreindre la constitution [1]; elle ne peut parler à l'Assemblée ni faire entendre sa voix souveraine : elle est femme et

---

1. *Mémoires* de M. DE VAUBLANC, p. 174.

n'est point régente. Mais elle a recours à des moyens détournés; elle cherche à flatter, à séduire ces farouches républicains dont le nom seul fait tressaillir son cœur de mère.

Elle a conquis Barnave dans le retour de Varennes; elle entretient avec lui une correspondance suivie. Elle obtient que Guadet, le sévère girondin, vienne, une nuit, aux Tuileries, causer avec le Roi, et elle ne le laisse pas partir sans l'avoir conduit près du berceau de son fils et obtenu de lui qu'il dépose un baiser sur le front du royal enfant. Elle cherche même plus bas son salut, et elle a recours à de moins nobles séductions.

Tout ce qui est corruptible est tenté, et Danton, aussi vénal que Mirabeau, est acheté pour cent mille écus...

Mais pas plus que Mirabeau, Barnave, Guadet ni Danton ne peuvent arrêter le mouvement révolutionnaire. Barnave l'essaye sans conviction, et succombe du moins avec grandeur. Guadet et les Girondins sont impuissants. Danton ne se préoccupe même pas de gagner son argent[1].

C'est à peine si la Reine, pendant ces longs

---

[1]. J'exposerai ailleurs les documents qui justifient cette opinion sur Danton. Je prie, en attendant, le lecteur, de vouloir bien se reporter, à ce sujet, au tome X de l'*Histoire de la Révolution française* par Louis Blanc (pp. 409 et suiv.).

mois où agonise la royauté, peut dormir quelques heures. Éveillée dès la pointe du jour, elle exige que l'on ne ferme ni volets ni persiennes ; l'obscurité lui est trop pénible. C'est alors, dans ces courts moments où le calme de la ville lui permet quelques illusions, qu'elle rêve parfois d'une délivrance prochaine. Une nuit, où la lune éclaire la chambre, elle la contemple longuement, puis, prenant pour confidente la femme qui veille près d'elle :

— Dans un mois, lui dit-elle, je ne verrai pas cette lune sans être dégagée de mes chaînes, et sans que le Roi soit libre[1] ! »

Le 3 juillet, quinze jours après le premier envahissement des Tuileries, elle écrit encore à son meilleur ami, le comte de Fersen : « Notre position est affreuse, mais ne vous inquiétez pas trop : je sens du courage et j'ai en moi quelque chose qui me dit que nous serons bientôt heureux et sauvés. Cette idée me soutient[2]... »

Derniers et fugitifs instants, où les folles espérances reparaissent avant de s'évanouir pour toujours !

A mesure que le temps s'écoule, le flot populaire monte avec ses colères et ses haines. L'in-

---

1. *Mémoires* de Mme CAMPAN, t. II, p. 227.
2. *Le Comte de Fersen et la cour de France*, t. II, p. 317.

sulte à la famille royale est partout, sur toutes les lèvres, dans tous les regards. Le petit Dauphin ne peut plus aller jouer dans son jardinet des Tuileries; la Reine ne peut plus se mettre aux fenêtres du palais. La populace, avide de manifester son mépris pour ce qu'elle a longtemps craint et respecté, est toujours là, épiant les occasions; et, faute de mieux, avec sa grossièreté naturelle, elle trouve plaisant de souiller de ses ordures la demeure des rois.

Il n'est plus de refuge inviolé. La Révolution triomphante semble poursuivre la royauté jusqu'aux pieds des autels. Les chantres de la chapelle, gagnés aux idées nouvelles, se font une joie d'enfler la voix dès qu'ils rencontrent quelque passage où l'allusion méchante peut s'accrocher. Ils crient comme une malédiction de Dieu les paroles sacrées: « *Deposuit potentes de sede (Il a renversé les puissants du trône)* [1] ! »

La situation est si horrible que la Reine en arrive à désirer la fin de cette crise, quelle qu'en puisse être l'issue. Confiante dans de vagues propos tenus par Danton, elle s'imagine qu'un outrage plus visible, plus sensible fait à la royauté réveillera l'amour des Français pour la monar-

---

1. *Mémoires* de Mme Campan, t. II, p. 238.

chie séculaire, ou qu'en tout cas elle ne peut être sauvée, elle et les siens, que par des moyens détournés, et elle souhaite la captivité dans une tour au bord de la mer[1].

Par une ironie du sort, son vœu semble exaucé, et la catastrophe prévue arrive. Le 10 août met fin à cette fiction de la royauté constitutionnelle, née de deux faiblesses : celle des royalistes à maintenir l'état de choses ancien, celle des révolutionnaires à établir immédiatement un gouvernement conforme à leurs théories. La situation devient plus nette et plus franche : le Roi et la famille royale ne sont plus que des prisonniers, dont le sort est aux mains de leurs sujets rebelles.

Après avoir quitté les Tuileries le matin du 10 août, Louis XVI passe la journée entière, avec sa famille et quelques amis, dans la loge du Logotachygraphe. Le lendemain on l'installe provisoirement aux Feuillants, à côté du bâtiment où siégeaient les députés, en attendant que le Luxembourg, désigné pour sa résidence par l'Assemblée, soit en état de le recevoir.

Mais l'Assemblée législative a compté sans la Commune de Paris. Celle-ci, préludant à la tyrannie qu'elle doit pendant près de vingt mois

---

1. *Mémoires* de Mme CAMPAN, t. II, p. 237.

exercer avec tant de violence et de cruauté, déchire le décret de l'Assemblée, s'empare de la personne des prisonniers, et les transfère, dès le 13 août, dans la Tour du Temple, où elle les place sous la surveillance de ses commissaires et de la garde nationale.

LE TEMPLE EN 1792
(Musée Carnavalet.)

CHAPITRE II

Le Temple. — La grande Tour. — Sentiments de la famille royale au commencement de la captivité. — Installation provisoire dans la petite Tour. — La vie au Temple. — Le service de bouche. — Les officiers municipaux.

Le Temple, qui a disparu en 1811, n'était point un bâtiment, mais une réunion de bâtiments renfermés dans un vaste enclos d'une étendue superficielle de 120 à 130 hectares.

Il tirait son nom des Templiers, qui en avaient été les premiers possesseurs.

En 1792, cet espace, entouré de murailles et séparé du reste de la ville, formait dans Paris une façon de cité. Plusieurs grands seigneurs avaient établi là leur demeure; c'est ainsi que l'on y voyait l'hôtel de Boisboudran, l'hôtel de Guise, l'hôtel de Boufflers, avec son joli jardin anglais, un hôtel qui servait de trésorerie au prince de Conti, puis le palais du Grand-Prieuré, construit vers 1667 par Jacques de Souvré, dans la partie voisine de la rue du Temple, et devenu la résidence ordinaire du comte d'Artois, quand il venait à Paris.

Cet enclos comprenait, en outre, beaucoup d'autres constructions : un vieux monument appelé Tour de César, une église, un cimetière, plusieurs fontaines, de vastes écuries, des cuisines spacieuses, et même une boucherie.

Le jardin du Grand-Prieuré était d'une belle étendue : c'est sur un de ses côtés, presque au centre de l'enclos, que s'élevait la grande Tour du Temple, édifiée par les soins d'un trésorier de l'ordre, frère Hubert, mort en 1212.

En voici la description détaillée, telle que nous l'a laissée un écrivain, contemporain de l'époque où elle fut démolie :

« Ce bâtiment considérable était composé d'une tour flanquée de quatre autres tours rondes. Il était accompagné, du côté du nord, d'un massif d'une plus petite dimension, surmonté de deux autres tourelles beaucoup plus basses ; sa hauteur était au moins de cent cinquante pieds[1], non compris le comble, que je présume peut-être à tort y avoir été ajouté postérieurement. Au pied de

---

1. Quarante-huit mètres et demi. Le pied était de 0^m,324.

ce comble, et dans l'intérieur des créneaux qui régnaient à l'entour, il existait une galerie où l'on peut présumer que l'on jouissait d'une vue des plus étendues ; il renfermait quatre étages, à chacun desquels on trouvait une pièce de trente pieds carrés, et trois autres petites pièces qui se trouvaient dans les trois petites tours ; la quatrième contenait un très bel escalier qui conduisait à ces différens appartemens, ainsi qu'aux logemens qui se trouvaient dans les deux petites tourelles. Au milieu de chacune des grandes pièces, on trouvait une colonne à laquelle venaient aboutir les arcs curvilignes qui se répétaient à chaque étage. Les murs de cette grosse tour avaient, dans leur moyenne proportion, neuf pieds d'épaisseur[1], et cet édifice était entièrement construit en pierres de taille de moyenne dimension ; il avait autrefois plusieurs souterrains, dont un particulièrement conduisait, dit-on, à la Bastille et de là à Vincennes ; mais depuis longtemps ils ont été détruits et comblés par les différentes constructions qui ont été élevées sur les terrains dans lesquels ils se trouvaient situés[2]. »

Le 13 août 1792, la famille royale franchit le

---

1. Un peu moins de 3 mètres.
2. *Recherches historiques sur le Temple*, par J.-J. BARILLET, pp. 87 et 88.

seuil de cet enclos devenu, de par la volonté de la Commune, le lieu de sa captivité.

Le Temple n'était point pour tous un séjour inconnu. Souvent, dans des temps plus heureux, la Reine y était venue, notamment dans l'hiver rigoureux de 1776, où elle s'y fit conduire en traîneau, et y prit une collation dont le comte d'Artois, son beau-frère, fit les honneurs; elle y descendait aussi lorsque, relevant de couches, elle venait de l'église de Notre-Dame de Paris, où elle avait été rendre au Seigneur ses actions de grâces[1]...

Quelles réflexions inspira à Marie-Antoinette ce rapprochement inattendu, surtout si, comme l'a dit le poète, il n'est pire misère qu'un souvenir heureux dans les jours de douleur?... Il ne faut néanmoins rien exagérer, ni oublier que l'avenir était caché aussi bien aux victimes qu'aux bourreaux.

Il est assurément malaisé aujourd'hui, sinon impossible, de se représenter les événements de cette époque en les isolant des événements qui les ont suivis, en faisant abstraction de leurs conséquences. C'est à travers le souvenir de l'échafaud et sous la préoccupation de ce dénoue-

---

[1]. *Recherches historiques sur le Temple*, par J.-J. BARILLET, p. 82.

ment sanglant que nous envisageons tous les faits de cette période terrible. Aussi cette obsession constante voile-t-elle pour nous la physionomie exacte de ces temps : en bien des cas, elle fausse totalement nos idées.

Ainsi l'opinion acceptée, convenue, veut que Louis XVI et les siens soient entrés au Temple avec les plus sombres pressentiments, en victimes sans illusions sur leur destinée future.

Cette opinion n'est point conforme à la vérité. En dépit des tristesses de la situation, quand les prisonniers comparaient leur état présent avec ce qui s'était passé, non pas seulement pendant l'année entière, mais aux deux seules journées du 20 juin et du 10 août, où la mort avait de si près menacé leurs têtes, les premiers jours passés au Temple furent pour eux des jours de repos et de calme relatifs.

Les cris de mort, le bruit de la canonnade, les plaintes des mourants, les hurlements des vainqueurs ne retentissaient plus à leurs oreilles. Puis, s'ils étaient captifs, leur captivité avait cet avantage de les protéger contre les passions haineuses. Ils se croyaient plus en sûreté au Temple qu'aux Tuileries. Et les massacres de septembre, malgré leur sinistre horreur, confirmaient plus qu'ils ne contredisaient cette opinion.

Remplis d'illusions, ou plutôt d'ignorance, sur le véritable esprit populaire, le Roi ni la Reine ne s'effrayaient alors sérieusement de l'avenir. Qu'avaient-ils à redouter? Le Roi, sans doute, pouvait être déclaré responsable, mais la seule peine inscrite dans la constitution était la déchéance. On y joindrait peut-être le bannissement, soit. Là était le maximum de leurs craintes. Puisqu'ils n'avaient pas été assassinés le 20 juin ou le 10 août, ils ne redoutaient plus de l'être maintenant.

Cléry, bien placé pour le savoir, le dit en termes fort nets : « J'étais loin de craindre pour les jours du Roi. La Reine avait la même persuasion, et son mari ne se gouvernait que par elle[1]. »

Cette conviction, dans l'esprit de Marie-Antoinette, explique et justifie bien des choses. Comprendrait-on, sans elle, que la Reine eût continué à jouer du clavecin, comme elle le faisait souvent, non point seulement pour l'instruction de sa fille, mais pour son propre plaisir, et comme elle le fit encore, la veille de la comparution de Louis XVI à la barre de la Convention nationale le 10 décembre, où, au dire du même Cléry, les

---

1. *Mémoires* de M. CLÉRY, p. 24.

airs qu'elle chanta n'étaient rien moins que tristes[1]?

Quant à la façon dont fut traitée la famille royale, il faut, sur ce point, n'accepter qu'avec réserve les affirmations de certains écrivains qui, dans leur indignation généreuse, ont chargé leur récit des plus noires couleurs, et, confondant deux périodes distinctes, celle qui va du 13 août au 11 décembre 1792, et l'autre qui commence à cette date avec le procès du Roi, les ont englobées dans une même réprobation, et, par là, ont causé une confusion contraire à la vérité historique.

Dans la première période, et malgré les embarras d'une installation précipitée, la Commune eut pour les prisonniers certains égards. Ainsi « la table de la famille royale était alors très bien servie. Un nombre suffisant de personnes était occupé à l'office et à la cuisine. La plupart étaient d'anciens serviteurs qui avaient brigué cet emploi[2]. »

Voici du reste l'état nominatif de ce personnel, ainsi que le chiffre des appointements alloués à chacun :

1. *Mémoires* de M. CLÉRY, p. 83.
2. *Quelques Souvenirs*, par M. LEPÎTRE, p. 26.

Gagnié, chef de cuisine. . . .	4 000 livres par an[1].
Remy, chef d'office.	3 000 —
Mâcon, 2ᵉ chef d'office.	2 400 —
Nivet, pâtissier.	2 400 —
Meunier, rôtisseur.	2 400
Mauduit, argentier, homme du garde-manger	2 400 —
Penaut, garçon de cuisine. . .	1 500 —
Marchand, garçon servant. . .	1 500 —
Turgy, garçon servant.	1 500 —
Chrétien, garçon servant. . . .	1 500 —
Guillot, garçon d'office. . . .	1 500 —
Adrien, laveur	1 200 —
Fontaine, garçon pour le service de bouche.	600 —

« L'étiquette et les formules observées pour la table de Louis, à sa cour, dit un rapport de Verdier, sont suivies au Temple. » Les mémoires présentés par les fournisseurs s'élevèrent, pour les vingt-cinq premiers jours, à la somme de 11 237 livres, que les commissaires réduisirent à 10 400 livres. Pendant les vingt-trois derniers jours de septembre, la dépense fut de 8 102 livres; pendant le mois d'octobre de 8 245 livres, et pendant celui de novembre de 8 435 livres.

A ce moment, on le voit, la Commune ne lésinait point sur les dépenses de table des prison-

1. *Louis XVII*, par A. DE BEAUCHESNE, t. 1, p. 332, note.

niers. Aussi les repas étaient copieux : on ne servait pas moins de vingt plats[1] et tous composés avec soin.

La cuisine était même si bonne que les officiers municipaux de service qui, les premiers jours, avaient fait venir leurs repas de quelque cabaret du voisinage, exigèrent d'être servis par ce personnel exercé : ce qui eut lieu.

Pour le service intérieur, outre Cléry, attaché spécialement à la personne du Roi, et François Hue, le personnel comprenait : Tison et sa femme, payés l'un 6 000 livres, l'autre 3 000 livres, et affectés au service de Marie-Antoinette, de Madame Élisabeth et de Marie-Thérèse ; Mme Roekenstroh, surveillante de la lingerie ; son fils, commis de l'économat ; Danjout, perruquier ; Angot, scieur de bois ; des porteurs de bois, un balayeur, Mathey, concierge de la Tour, et nombre de guichetiers et de porte-clefs.

La famille royale se trouvait dans un dénûment complet, en entrant au Temple ; les effets à son usage journalier avaient été mis sous les scellés aux Tuileries. Les commissaires ne s'opposèrent point à l'achat de vêtements, de linge et des autres objets nécessaires. La dépense, de

---

1. *Histoire parlementaire de la Révolution française*, par Buchez et Roux, t. XXI, p. 307.

ce chef, fut, du 13 août à fin novembre, de 31.000 livres environ.

Ces chiffres officiels sont si peu conformes à ceux de la légende qu'il est intéressant et utile de les reproduire.

La Commune, qui s'était emparée de la famille royale dès les premiers jours, s'était chargée de la surveillance du Temple, et ses membres, transformés en commissaires, venaient, à tour de rôle, remplir ce service auprès des prisonniers.

Les élus de la Commune étaient, pour la plupart, des gens du peuple signalés par leur haine de la monarchie et la fermeté de leurs principes révolutionnaires. Mais beaucoup d'entre eux, forcenés en paroles, se montrèrent humains, quelques-uns sympathiques, d'autres dévoués jusqu'à la mort. L'histoire a gardé ces noms héroïques, les noms de ces commissaires « à qui la Révolution a donné le mandat d'être sourds, d'être aveugles, d'être muets sous peine de mort, et qui bravent la mort dès qu'ils sont entrés dans la familiarité de cette infortune [1] ».

Par malheur, et par un contraste inévitable, d'autres n'étaient que des brutes ignorantes, perverties ou grossières; et en face des noms de Le-

---

[1]. *Marie-Antoinette*, par Ed. et J. DE GONCOURT, pp. 408-409.

bœuf, de Moelle, de l'épicier Dangé, de Jobert, le maître maçon, de l'architecte Beugnot, du professeur Lepître, du pharmacien Follope, il en faut citer quelques-uns, vraiment dignes de mépris.

C'étaient un Mercereau, tailleur de pierres, qui affectait de venir au Temple dans l'accoutrement le plus sale, et qui se vautrait sur le canapé de lampas où d'ordinaire s'asseyait la Reine; un Pierre Bernard, ancien prêtre, dont le langage n'était qu'une suite ininterrompue de propos obscènes; un Jacques Roux, défroqué et renégat comme Bernard, qui se faisait un plaisir de troubler le sommeil des prisonniers en chantant à tue-tête toute la nuit; un Lèchenard, tailleur de son état, qui se grisait abominablement et souillait de ses déjections d'ivrogne la chambre voisine de celle de la Reine[1]...

Mais ces vexations humiliantes blessaient la fierté des captifs, sans rien leur enlever des espoirs toujours caressés. Dès que leurs auteurs étaient remplacés, les souffrances paraissaient oubliées. Le Roi causait volontiers, et, pour peu que ses gardiens fussent polis, il les prenait avec joie pour interlocuteurs; il s'intéressait à mille choses avec

---

1. *Quelques Souvenirs*, pp. 22, 27 et 30.

l'insouciance d'un esprit libre. Marie-Antoinette elle-même témoignait d'une certaine gaîté de caractère. Elle donnait parfois des surnoms aux commissaires de garde, et elle avait plaisamment appelé *La Pagode* l'un d'eux, qui, maussade et taciturne, ne répondait que par un signe de tête[1].

D'ailleurs la résignation habituelle de Louis XVI lui faisait accepter ses malheurs comme autant d'épreuves imposées à son âme plus chrétienne que royale, et la Reine, grande et forte, savait conserver, aux heures douloureuses, cette sérénité calme et hautaine, qui ne devait jamais l'abandonner, même devant la mort.

1. *Quelques Souvenirs*, p. 21.

CHAPITRE III

Les royalistes restés à Paris. — Tentative inconnue pour délivrer la famille royale. — Le 21 janvier 1793. — Le baron de Batz. — Échauffourée de la porte Saint-Denis.

Le comte d'Artois avait quitté la France, en 1789, dès le commencement des agitations révolutionnaires; les tantes du Roi, Mesdames Adélaïde et Victoire, s'étaient exilées au mois de février 1791; le comte de Provence, parti de Paris le même jour que Louis XVI (20 juin 1791), mais plus heureux que lui, était parvenu sans encombre à Bruxelles.

Encouragés et autorisés par de tels exemples, s'imaginant être plus utiles à leur Roi au delà qu'en deçà des frontières, beaucoup de royalistes s'étaient éloignés de la France. Tous, par bonheur, n'avaient point agi de même, et quelques fidélités, plus courageuses et plus actives, veillaient encore sur les derniers représentants de la vieille monarchie.

Isolés dans Paris, cachant leurs secrètes pensées, se méfiant de tout et de tous, ils étaient incapables de réunir et de combiner leurs efforts, et, par suite, impuissants à secourir et à délivrer le Roi. Toujours en éveil cependant et prêts à saisir une occasion propice, ils se rapprochaient de lui autant qu'ils le pouvaient. Les maisons voisines du Temple se remplissaient de ces pauvres gens, heureux d'apercevoir à la dérobée les augustes prisonniers, ou de contempler les murailles derrière lesquelles ils les savaient retenus. Parfois ils s'enhardissaient à répéter des refrains connus, et le silence de la nuit apportait alors à la Reine cet air de *Pauvre Jacques*, chanté autour de sa prison par des voix amies [1].

Ces royalistes tentèrent-ils, pendant cette période, de délivrer la famille royale? Ce point est resté dans l'obscurité, faute de documents. On ne possède à ce sujet qu'une petite note, glissée au bas d'une page de *Quelques Souvenirs*, ouvrage dû à la plume d'un officier municipal nommé Lepître : « L'épouse de Toulan m'a dit qu'il en avait été fait un premier (complot) pour sauver le

---

[1]. *Marie-Antoinette*, p. 391.

Roi, et que l'opposition d'un municipal, homme timide quoique probe, en avait arrêté l'exécution » (p. 73).

Les affirmations de Lepître, aussi bien que la source qu'il indique, méritent en général une sérieuse attention, ainsi qu'on le verra dans la suite de ce récit. Il n'est donc point impossible ni même invraisemblable que ce premier complot ait existé, bien que rien, jusqu'à ce jour, ne soit venu corroborer le propos de « l'épouse de Toulan ».

Ce qui est certain, c'est que, si elle exista vraiment, cette tentative avorta sans avoir reçu même un commencement d'exécution. Cléry qui, jusqu'au 21 janvier, ne quitta point son maître, n'en parle pas dans ses *Mémoires* : ce ne fut apparemment qu'un projet.

D'ailleurs à ce moment, en dehors des hasards de l'entreprise, la pensée de fuir devait répugner à l'esprit du Roi. En diverses circonstances, il avait opposé un refus formel aux offres semblables, faites par de hardis et dévoués serviteurs. Il savait, par le souvenir de Varennes, combien une tentative manquée aggraverait sa position, et il n'ignorait pas les chances mauvaises qui pouvaient faire échouer la tentative. A quoi bon risquer une aventure, qui ne s'expliquerait qu'en face d'une situation désespérée? Et il s'en fallait qu'il se crût réduit à cette extrémité.

Comment s'étonner d'un tel état d'esprit quand on songe à l'aveugle confiance de la Reine, qui, même dans les premières semaines de janvier 1793, alors que la condamnation du Roi était virtuellement prononcée, se refusait à croire « que les Français, que les rois étrangers pussent voir un attentat aussi atroce sans chercher à s'y opposer[1] ». Les événements devaient donner à cette aveugle confiance un sanglant démenti. Le 17 janvier, la Convention nationale prononça la condamnation de Louis XVI.

L'exécution fut fixée au 21 janvier. Les plus grandes précautions avaient été prises pour que rien ne pût ce jour-là arrêter le cours de la justice populaire. Toute la force armée était sur pied. De la prison jusqu'à l'échafaud, c'est-à-dire du Temple jusqu'à la place de la Révolution, le cortège s'avançait, protégé par les bataillons dont la fidélité n'était point douteuse. Essayer d'arracher en un pareil moment Louis XVI à ses bourreaux semblait une idée extravagante, folle... Cette idée, un homme l'eut pourtant; ce projet insensé, un homme le mit à exécution, ou du moins le tenta. Cet homme, c'est le baron de Batz.

---

1. *Quelques Souvenirs*, par LEPITRE, p. 29.

Personnage mystérieux pour ses contemporains, resté énigmatique sur bien des points pour l'historien, il est assurément une des figures les plus originales de ce temps fécond en surprises. Nous le retrouverons plus tard dans une autre tentative d'évasion destinée à sauver la Reine, et nous approfondirons alors son caractère et son rôle : nous ne pouvons donner ici qu'un récit succinct du coup de main qu'il essaya le 21 janvier.

Aidé de son secrétaire Devaux, il avait, aussitôt la condamnation prononcée, formé avec trois à quatre cents jeunes gens royalistes le projet de délivrer le Roi. Ils devaient se réunir tous, en armes, près de la porte Saint-Denis, et, dissimulés dans la foule, se tenir prêts à marcher, dès qu'il en donnerait le signal. Le plan consistait à attaquer de vive force le convoi, et, à la faveur de la surprise et du désarroi causés par cette intervention inattendue, à enlever Louis XVI. Tout fut ainsi convenu, et les affiliés se séparèrent en promettant de se retrouver au rendez-vous.

A l'heure dite, fidèle à sa parole, le baron de Batz, suivi de Devaux, est à son poste ; mais il a beau chercher autour de lui, il ne voit pas ses compagnons. Les rues latérales sont désertes : c'est pourtant de là que doit partir l'attaque. Il se désespère de cet abandon : va-t-il donc être forcé de renoncer à son projet et de reculer devant l'armée de la Révolution? Placé sur la hauteur du boulevard Bonne-Nouvelle, il aperçoit la voiture qui conduit Louis XVI au supplice : elle approche, elle arrive devant la porte Saint-Denis... A ce moment, il croit voir quelques-uns de ses amis; ils sont peu nombreux, à la vérité. Cela lui suffit; ses espérances renaissent : il tentera l'aventure. Deux jeunes gens sortent d'un groupe et se placent à ses côtés. Le moment est urgent. Il se précipite, suivi de Devaux et des deux jeunes intrépides, sur le cortège, qui leur ouvre passage. Ils traversent la haie, mettent le sabre au clair, et, le brandissant, ils s'écrient tous les quatre à plusieurs reprises :

— A nous, Français! A nous, ceux qui veulent sauver leur roi!

Leurs cris restent sans échos ; nul, dans la foule, ne répond; un silence de mort règne partout. La petite troupe, qui n'aperçoit aucun mouvement et qui se sent abandonnée, tourne bride et repasse au travers de cette haie d'hommes et de gardes nationaux stupides d'épouvante, puis cherche à s'éloigner...A cet instant, un des corps de réserve, averti par une vedette, fond sur M. de Batz et ses braves. Les deux jeunes gens veulent se jeter dans une maison. On les poursuit, on les atteint, et on les hache à coups de sabre. Pendant ce temps, M. de Batz et Devaux disparaissent, et échappent ainsi à la fureur de ceux qui les poursuivent [1].....

1. *Mémoires historiques sur Louis XVII*, par ECKARD, pp. 125-126.

DEUXIÈME PARTIE

LE COMPLOT

CHAPITRE PREMIER

Découragement des royalistes après le 21 janvier. — Le chevalier de Jarjayes. — Le général de Bourcet. — Mariage de M. de Jarjayes. — Les premières femmes de chambre de la Reine — Importance de ces fonctions. — Missions confiées au chevalier. — Le comte d'Artois à Turin. — Rapports de la cour et de Barnave. — Correspondance secrète. — Billet en langage déguisé. — *Roxane et Lucius*. — La veille du Dix-Août. — La loge du Logotachygraphe. — Désespoir de M. de Jarjayes. — Il va quitter Paris. — Le 2 février 1793. — L'envoyé de la Reine. — Toulan.

Il est certain que, si la Convention, en portant la main sur le Roi et en l'envoyant à l'échafaud, crut accomplir moins une œuvre de justice qu'une œuvre politique, elle réussit complètement. La terreur régna dans Paris à partir de ce moment, et, parmi les royalistes, le découragement et le sentiment de leur impuissance.

Mais, parmi ces fidèles, nul ne fut peut-être plus cruellement frappé que le chevalier de Jarjayes, qui n'est point encore connu comme il mérite de l'être.

Destiné à jouer un rôle des plus importants dans le récit qui va suivre, il est bon de faire connaître son passé, sa situation, avant de pousser plus loin la narration des événements.

François-Augustin-Rénier Pélisson de Jarjayes naquit à Grenoble, le 24 octobre 1745. Il embrassa la carrière militaire, où il trouva, dès ses débuts, un protecteur excellent, le général de Bourcet, dont il était le neveu.

Sur la liste des personnes recommandées à Louis XVI, le Dauphin, son père, avait inscrit M. de Bourcet, comme « ayant des connaissances sûres ». Jarjayes devint, en 1769, l'aide de camp de son oncle, auprès duquel il resta dix années, jusqu'en 1779, où il passa à l'état-major de l'armée, avec le grade de colonel.

Vers cette époque se place un événement d'un intérêt capital pour lui : son mariage, qui, le rapprochant du Roi et de la Reine, lui permit d'entrer dans leur intimité, puis de s'acquérir des droits à leur confiance, et, plus tard, à leur reconnaissance.

Il épousa une des douze premières femmes de chambre de la Reine, Louise-Marguerite-Émilie Quetpée de Laborde.

On sait l'importance de ces fonctions, à la fois honorifiques et lucratives. Elles consistaient à veiller à l'exécution de tout le service de la chambre; à recevoir l'ordre de la Reine pour les heures du lever, de la toilette, des sorties, des voyages. Les premières femmes de chambre étaient, de plus, chargées de la cassette de la Reine, du paiement des pensions et gratifications. Les diamants leur étaient confiés. Quant à leurs appointements, ils n'excédaient pas douze mille livres par an, mais la totalité des bougies de la chambre, des cabinets et du salon de jeu leur appartenait chaque jour, et cette rétribution faisait monter leur charge à plus de cinquante mille livres pour chacune [1].

Le Roi et la Reine eurent souvent l'occasion de voir le chevalier de Jarjayes, et ils ne tardèrent point à apprécier sa haute valeur. D'un esprit droit, d'une intelligence prompte, d'une fidélité sûre, d'un dévouement à toute épreuve, Jarjayes savait concilier le respect le plus profond avec la franchise la plus sincère. Il ne craignait pas de dire la vérité, et, en mainte occasion, il osa donner de sages conseils. Il n'émigra point, et, resté l'un des derniers serviteurs de la monarchie, il fut, à diverses reprises, chargé des missions les plus délicates.

Louis XVI l'avait, en 1791, nommé maréchal

---

1. *Mémoires* de Mme CAMPAN, t. I, p. 291.

de camp et directeur adjoint au dépôt de la Guerre. Bientôt il le mit à même de le servir plus utilement encore.

Au mois de mars 1791, le Roi et la Reine avaient chargé le comte Alphonse de Durfort d'une mission secrète auprès du comte d'Artois et de l'empereur d'Allemagne[1]. L'objet de cette mission est longuement exposé par A.-F. de Bertrand-Moleville, dans ses *Mémoires particuliers sur le règne de Louis XVI*[2].

Louis XVI, indécis comme toujours, renonça bientôt à ce projet pour adopter celui de M. de Breteuil, lequel consistait à quitter Paris, et à se réfugier dans une place forte sur la frontière. On sait ce qu'il en advint. Au retour de Varennes, l'exécution du plan concerté entre le comte d'Artois et la cour d'Autriche n'était plus possible, sans compromettre gravement et inutilement la famille royale. Le Roi dépêcha Jarjayes à Turin, auprès de son frère, pour obtenir de lui qu'il renonçât à son projet de pénétrer en France par Lyon. Le chevalier réussit, non sans peine, dans cette négociation.

---

1. Le titre d'Empereur d'Allemagne ne fut enlevé au chef de la maison d'Autriche qu'après Austerlitz, par le traité de Presbourg (1806).
2. T. II, chap. xxxv, pp. 308 et suiv.

De retour à Paris, il devint l'intermédiaire discret entre la Reine et Barnave. C'était elle qui lui avait ordonné de voir ce député, ainsi que ses collègues, Duport et Alexandre Lameth[1]. Souvent il recevait les communications de Barnave dans sa poche, où Marie-Antoinette les prenait en mettant ses réponses à la place[2].

Ces négociations n'aboutirent à rien. Barnave, voyant que la Reine n'adoptait aucun de ses avis, résolut de s'éloigner de Paris. Les eût-elle adoptés, le résultat eût été le même apparemment. La Révolution, à ce moment, était lancée avec une telle violence qu'aucune parole, si éloquente qu'on la suppose, aucun bras, si puissant qu'on l'imagine, n'auraient pu l'arrêter, ni même la ralentir...

Il n'était pas toujours facile au général de pénétrer dans le Château, devenu de plus en plus une véritable prison. N'est-ce point à cette circonstance qu'est dû ce billet mystérieux, retrouvé dans les papiers de Jarjayes, et qui, par sa forme, son contexte et son contenu, excite la curiosité, sans lui donner le fil indicateur qui permette de répondre aux questions qu'elle se pose?

---

1. *Mémoires* de Mme CAMPAN, t. II, p. 150 note.
2. *Deux Femmes de la Révolution*, par Ch. DE MAZADE, pp. 231-232.

Le voici, tel que nous avons cru devoir le rétablir :

« Roxane envoie à Lucius cette bague pour la changer avec certain cœur qu'il lui rendra la première fois (qu'il la visitera). Elle contient les mêmes restes précieux et paraît mieux convenir. Roxane espérait avoir hier des nouvelles de Lucius; elle le prie de lui expliquer certains mouvements qui semblent se former autour du camp d'Artaban, et qui, s'ils ne sont vrais, l'inquiètent pour les suites qu'elle en prévoit. Elle le prie aussi de lui faire savoir si les nouvelles du jour où (elle le vit) n'ont pas pris une forme toute différente de ce qu'il comptait, et ce que Pradius pense de tout cela. Fatime, qui n'y comprend rien, prend le sage parti d'enrager. Elles prient toutes les deux Lucius, s'il ne peut voir (Roxane) dans la semaine prochaine, de leur faire donner de ses nouvelles et de ne pas oublier de dire le jour à.... (Pradius).... »

Puis sur le verso :

« se compromettre, de l'endroit où sont enfouis ces objets, pour lui en parler au moment où la grande éclipse sera passée et où les planètes par leur réunion reprendront leur cours ordinaire. Si Mercinus, le vieil ami, était trop difficile à déterrer, le grand homme... pourra sûrement donner à Lucius des renseignements certains sur tous ces objets. »

[...] encore à moins [...] soit [...]
la marque au certain coeur qu'il lui rendra
la première fois qu'[...] elle entend
les mieux reste precieuse, et [...] mieux
souvenir. Pierron espéroit avoir hier
des nouvelles de Linus, elle le prie de lui
expliquer certain Mouvement qui semble
former autour du camp d'Astabaras et qui
s'il est vrai l'inquiète, pour la suite
qu'elle en prévoit. elle le prie aussi de lui
faire savoir si les nouvelles du jour ou
[...] n'ont pas pris une forme
toute différente de ce qu'il [...]. et a
que [...] pense de tout cela [...] qui
n'y comprend rien prend le sage parti
d'[...], elle prie [...] les deux Linus s'il
ne peut [...] dans la semaine
prochaine de leur faire donner de ses nouvelles
[...]

je comprend [...]
enfoui ces objets, pour lui en parler
au moment ou la grande eclipse sera
passée et ou les planetes [...] leurs
réunion reprendront leurs cours
ordinaire. Si [...] le vieil ami
etoit trop difficile à deterrer
le grand homme [...], pourra
surement donner à [...], des renseigne
ments certain sur tous ces objets [...]

Puisqu'il semble impossible d'avoir une certitude quelconque pour ce billet, il faut s'en tenir aux conjectures; voici celles qui, après examen, paraissent les plus raisonnables et les plus plausibles.

Le billet a été écrit sur le recto, par une personne de l'entourage de la Reine, et vraisemblablement sous la dictée de celle-ci. La comparaison des écritures permet nettement d'affirmer que ce n'est ni le Roi, ni Madame Élisabeth, ni Madame Royale qui l'ont écrit. De là, on peut conclure que le billet n'a pas été écrit au Temple.

Le ton léger, familier, enjoué même, peut mettre sur la voie pour la date probable : de 1791 à 1792. La situation est déjà grave, mais non encore irrémédiablement perdue : on y parle du « *moment où la grande éclipse sera passée et où les planètes par leur réunion reprendront leur cours ordinaire.* » Allusions aux espoirs qui subsistaient encore, par intervalles, dans l'âme de Marie-Antoinette, pendant cette période cruelle.

Le verso est de l'écriture de la Reine. Elle a d'abord dicté, puis elle a pris la plume.

Roxane la désigne apparemment. La fière Roxane représente la Reine de France; quant aux « restes précieux », ne seraient-ce point des cheveux de quelqu'un des siens, peut-être de son fils, le premier Dauphin, mort en juin 1789? Les cheveux jouent un grand rôle à cette époque, et nous verrons en mainte occasion le Roi ou la Reine donner de leurs cheveux, ou des cheveux de leurs enfants, comme un souvenir précieux et cher.

Lucius, c'est Jarjayes. Ce qui conduit à cette opinion, c'est d'abord ce raisonnement que Jarjayes, étant un galant homme, un chevalier dans la plus noble acception du mot, n'a pu et n'a dû garder un billet de la Reine que s'il lui appartenait. Puis, lui-même, plus tard, a fait allusion à un billet reçu par lui et parlant d'un dépôt que connaîtrait Mercy-Argenteau, désigné évidemment par ces mots : *Mercinus, le vieil ami.* C'est dans une lettre écrite de Turin, le 18 février 1794, et adressée au comte Axel de Fersen, alors à Bruxelles, où elle parvint le 25 mars suivant : « La facilité que j'ai aujourd'hui de vous écrire, avec plus de liberté que je n'ai pu le faire alors, m'engage à vous demander vos conseils sur un autre billet relatif à un dépôt confié à M. de Mercy...[1] »

Ce dépôt était sans doute une somme d'argent, que la Reine avait cherché à mettre à l'abri pour

---

[1]. *Le Comte de Fersen et la cour de France,* t. II, p. 430.

les jours mauvais. Nous savons effectivement que M. de Mercy avait à elle quinze cent mille francs. Il avait fait sortir cette somme de France par l'abbé de Montesquiou, qui l'avait portée en Angleterre[1].

Marie-Antoinette prévoit le cas où « Mercinus, le vieil ami », serait difficile à « déterrer ». Cette phrase concorde avec la date présumée du billet. L'ambassadeur de Vienne avait pris ses précautions contre l'impopularité de tout ce qui tenait à l'Autriche, et il avait eu soin de passer en Belgique, trouvant plus commode et surtout moins périlleux de suivre les événements, de Bruxelles que de Paris.

« Les mouvements qui se forment autour du camp d'Artaban » s'expliquent trop bien par les nombreuses émeutes et les nombreux préparatifs révolutionnaires qui journellement troublaient la tranquillité de la capitale. On n'a que l'embarras du choix pour désigner ceux-ci plutôt que ceux-là. Peut-être s'agissait-il des fameuses bandes marseillaises arrivées à Paris récemment sous la conduite de Barbaroux, et qui servaient de têtes de colonne et de centre de ralliement aux ennemis de la cour? Ils inspiraient à Marie-An-

---

1. *Le Comte de Fersen et la cour de France*, t. II, p. 92.

toinette les plus grandes appréhensions : « L'arrivée d'environ 600 Marseillais et d'une quantité d'autres députés de tous les clubs des jacobins augmente bien nos inquiétudes malheureusement trop fondées... On excite le peuple : dans une partie de la garde nationale il y a mauvaise volonté, et dans l'autre faiblesse et lâcheté, » écrivait-elle au comte de Fersen[1].

Pradius était quelque ami de Jarjayes, dévoué comme lui à la Reine. Le nombre n'est pas grand de ces Français zélés, restés sur la brèche jusqu'au bout. Parmi eux se trouvent Goguelat, qui, blessé à Varennes en voulant dégager le Roi, était revenu à Paris et rendait mille services à la famille royale, M. de Laporte, le baron d'Aubier, etc.

Fatime, est-ce Mme de Jarjayes, enfermée aux Tuileries avec la Reine? Est-ce la douce princesse de Lamballe, revenue près de son amie dans les premiers jours de novembre 1791?... Questions insolubles pour le moment. Mais ce billet, malgré toutes ses obscurités, était intéressant à publier, car chaque jour amène des découvertes sur cette époque, et quelqu'un de nos successeurs aura peut-être la gloire et le plaisir de le déchiffrer entièrement...

---

1. *Le Comte de Fersen et la cour de France,* t. II, p. 340.

On a vu la confiance témoignée à Jarjayes par la Reine lorsqu'elle le mit dans la confidence de ses relations avec les constitutionnels repentants ; elle lui en donna une preuve plus complète encore quelques jours avant le 10 août, ainsi que le rapporte une des premières femmes de chambre, collègue de Mᵐᵉ de Jarjayes, Mᵐᵉ Campan. « La crainte d'une nouvelle invasion des Tuileries fit faire les recherches les plus exactes dans les papiers du Roi : je brûlai presque tous ceux de la Reine. Elle mit dans un portefeuille qu'elle confia à M. de Jarjayes ses lettres de famille, plusieurs correspondances qu'elle jugeait nécessaire de conserver pour l'histoire du temps de la Révolution, et particulièrement les lettres de Barnave et ses réponses, dont elle avait fait des copies[1]. »

Malheureusement ce dépôt n'a pu être conservé. Les événements firent craindre au dépositaire que sa cachette ne fût découverte, et comme de tels papiers pouvaient gravement compromettre sa souveraine, il se résigna à les brûler.

Le chevalier ne quitta point le Roi, au moment du péril, bien qu'il ne se fît aucune illusion sur l'issue de la lutte.

La veille du 10 août, Louis XVI lui avait mon-

---

1. T. II, p. 218.

tré le plan de défense du Château préparé par le général Vioménil. Pour un militaire exercé comme Jarjayes, il n'était que trop aisé d'en apercevoir les faiblesses. Aussi, rencontrant Mᵐᵉ Campan, après cette conférence, il lui dit : « Mettez dans vos poches vos bijoux et votre argent; nos dangers sont inévitables : les moyens de défense sont nuls; ils ne pourraient se trouver que dans la vigueur du Roi, et c'est la seule vertu qui lui manque [1]. »

Malgré ces sombres prévisions, le lendemain il était aux côtés du Roi, lors de l'envahissement des Tuileries; il le suivit à l'Assemblée, dans la loge du Logotachygraphe, et c'est là que Louis XVI, avant de se séparer de lui, lui donna l'ordre formel de ne pas quitter Paris, comme au meilleur, au plus brave et au plus sûr de ses amis [2].

Élevant son respect et sa soumission à mesure que tombait la puissance de son Roi, il n'eut garde de manquer à un tel ordre; il resta dans Paris avec Mᵐᵉ de Jarjayes, désireuse d'égaler sa fidélité et de partager ses périls.

Moins heureux que bien d'autres, ils ne purent conserver des relations avec leurs souverains prisonniers. Ils ne savaient ce qui se passait derrière

1. *Mémoires* de Mᵐᵉ Campan, t. II, p. 239.
2. *Précis*, par le baron de Goguelat, p. 71.

les murailles du Temple que par la voix commune. Quelle dut être leur indignation en apprenant les traitements infligés à la famille royale par ses surveillants et ses gardiens ! Comme tous les officiers municipaux, et surtout ceux qui étaient gagnés en secret, tenaient en public la même conduite, les uns en conformité de leurs principes révolutionnaires, les autres pour détourner les soupçons par une attitude farouche et les propos les plus inconvenants, M. de Jarjayes et sa femme plaignaient uniformément leurs souverains captifs de se trouver exposés aux grossièretés des Mercereau, des Bernard, des Arthur, ou aux sarcasmes de fanatiques connus, tels que Michonis, Toulan, et tant d'autres !...

Mais que faire ? Seul, le chevalier ne pouvait rien.

Il ne semble pas en effet qu'il ait jamais connu le baron de Batz : il ne fut donc pas initié aux projets héroïques de cet homme.

La condamnation et l'exécution de Louis XVI plongèrent le général dans le désespoir le plus profond...

« Accablé de douleur, anéanti par l'horrible journée du 21 janvier, il était sur le point de tomber dans le découragement et d'abandonner la France[1], » quand un appel fait à son dévoue-

1. *Précis*, par le baron DE GOGUELAT, pp. 71 et suiv.

ment, lui prouvant qu'il peut encore être utile à la veuve de son Roi, ranime son courage et lui rend à la fois l'énergie et l'audace.

C'est le 2 février 1793. Il est chez lui, lorsqu'un inconnu se présente et demande à l'entretenir en secret. C'est un homme, jeune encore, d'une trentaine d'années environ, petit de taille mais souple et vigoureux, aux yeux vifs, à la bouche fine, au front large, et qui serait joli garçon s'il n'avait le nez quelque peu écrasé[1]. A son costume, à son attitude, M. de Jarjayes ne peut se méprendre : il a en face de lui un révolutionnaire.

La présence d'un tel homme, en un tel temps, est un danger, mais l'inconnu insiste pour être reçu, et Jarjayes se décide à l'introduire ; il le conduit dans une pièce écartée. Il l'examine avec attention, non sans inquiétude, non sans défiance....

Tout à coup cet homme se précipite vers le général, et lui déclare qu'il regrette profondément la part qu'il a prise dans les malheurs de la famille royale. Il vient solliciter la confiance de M. de Jarjayes et lui offrir de s'entendre avec lui pour réparer le mal qu'il a causé, en un mot pour tenter de délivrer la Reine, de la sauver, et avec elle, les prisonniers du Temple !

---

1. Archives nationales, W. 400, dossier 927.

A ce langage si imprévu, le chevalier, toujours prudent, se tient sur la défensive. Est-ce un piège qu'on lui tend? Cet homme est-il sincère?... Dans le doute, résigné à tout événement pour lui-même, mais tremblant qu'un mot, qu'un geste imprudent ne trahisse et ne perde des têtes bien chères, il ne se livre point et repousse les confidences de l'inconnu...

Celui-ci n'est pas plus surpris que froissé de cet accueil; sans doute il l'a prévu, car pour garant de sa bonne foi il tire ce billet de sa poche, et le présente au général :

« *Vous pouvez prendre confiance en l'homme qui vous parlera de ma part en vous remettant ce billet. Ses sentiments me sont connus : depuis cinq mois il n'a pas varié. Ne vous fiez pas trop à la femme de l'homme qui est enfermé ici avec nous. Je ne me fie ni à elle ni à son mari.* »

A cette lecture une indicible émotion s'empare de Jarjayes. C'est la Reine, c'est Marie-Antoinette qui a tracé ces lignes ! Il connaît trop bien son écriture pour en pouvoir douter.

Mais qui est cet inconnu? Quel est le messager choisi par la Reine, le confident à qui elle s'est livrée? Il l'interroge, et à son émotion succède un étonnement profond lorsqu'il apprend qu'il a en face de lui Toulan ! Toulan si connu par son fanatisme révolutionnaire, auquel il doit sa nomination de membre de la Commune, et ses fonctions de commissaire chargé de surveiller la famille royale au Temple!....

CHAPITRE II

Le 30 juin 1789. — Le café de Foy. — Au Palais-Royal. — Les gardes françaises à l'Abbaye. — Mouvement populaire. — On brise les portes de la prison. — La nuit au théâtre des Variétés. — Appel fait à l'Assemblée constituante. — Députation de seize membres au Roi. — Réponse du Roi — Délivrance des prisonniers. — Toulan, son origine, son mariage. — Il vient à Paris. — Président de district à la Fédération de 1790. — Insurgé au Dix Août. — Membre de la Société des hommes du Dix Août. — Membre de la Commune. — Il est de garde au Temple le 19 septembre 1792. — Son dévouement aux prisonniers. — Son attitude et ses propos révolutionnaires. — Menus services rendus par lui. — Après le 21 janvier, ses craintes pour la Reine. — Il forme un plan pour la délivrer. — La Reine accepte. — Mission de Toulan auprès de Jarjayes.

Le 30 juin 1789, quelques jours avant la prise de la Bastille, une foule nombreuse emplissait le café de Foy.

Cet établissement, aujourd'hui disparu, était situé sous les galeries du Palais-Royal. A cette époque, le Palais-Royal était le centre le plus actif de la capitale, le lieu de réunion le plus fréquenté. Le peuple de Paris, qui éprouve l'irrésistible besoin, dans les temps troublés, de sortir de chez lui et d'aller en public causer des choses de la politique et pérorer sur les événements, n'avait eu garde de manquer, ce jour-là, à cette habitude ancienne. Le café et le jardin, aux alentours, regorgeaient de monde; les patriotes formaient la très grande majorité de l'assistance : aussi l'animation était-elle à son comble...

Tout à coup, sur les six heures du soir, un commissionnaire pénètre dans le café, jette une lettre au milieu des consommateurs attablés, puis disparaît.

On se précipite sur la lettre, on la ramasse, on la lit. Elle était écrite au nom de onze soldats du régiment des gardes françaises, enfermés dans la prison de l'Abbaye. Ils avaient été punis par leur colonel pour avoir adhéré à une société secrète formée dans l'armée de Paris, société dont les membres s'interdisaient d'obéir aux ordres qui leur paraîtraient contraires aux intérêts de l'Assemblée nationale.

Ces onze soldats annonçaient qu'ils devaient être transférés cette nuit même à Bicêtre « *ainsi que de vils scélérats* ».

Après avoir pris connaissance de cette lettre, un jeune homme sort aussitôt du café. Il monte sur une table et s'adressant à la foule groupée autour de lui :

— Messieurs, s'écrie-t-il, les braves soldats qui ont épargné à Versailles le sang de nos concitoyens sont détenus à l'Abbaye : allons les délivrer !

— A l'Abbaye ! A l'Abbaye ! répond la foule surexcitée.

Ce jeune homme, c'est Toulan.

Il part : on le suit. Ils ne sont d'abord que deux cents ; en arrivant à la prison, ils sont plus de quatre mille.

Les prisons, en ce temps-là, se laissent forcer avec une étonnante facilité. En un instant, le premier guichet est enfoncé ; à coups de maillet, de barre et de hache, on brise les portes intérieures. A huit heures, les prisonniers sont délivrés.

Fiers d'un tel succès, les jeunes gens ramènent en triomphe les gardes françaises au Palais-Royal ; puis, la nuit étant venue, ils les conduisent au théâtre des Variétés. On dresse pour eux des lits de camp dans la salle de spectacle, et là, sous la protection de leurs libérateurs, les soldats passent la nuit. Le lendemain on les loge à l'hôtel de Genève...

La nuit avait porté conseil ; les émeutiers n'avaient point encore l'habitude d'être obéis en toutes choses, ils résolurent de se placer sous la protection de la seule autorité qui contre-balançât celle du gouvernement, et ils se mirent en mesure d'obtenir son appui pour affirmer et consolider leur victoire.

Dès le lendemain matin, une nombreuse députation, qui comptait Toulan dans ses rangs, se présenta à Versailles, aux portes de l'Assemblée.

Le procès-verbal de la séance en fait ainsi mention :

Séance du mercredi 1er juillet 1789.

10 heures du matin.

A l'ouverture de la séance, plusieurs personnes, venues de Paris, se disant députées par un grand nombre de citoyens, se sont présentées à l'Assemblée nationale et ont fait remettre une lettre à M. le Président. On a fait lecture de cette lettre. L'objet de cette députation et de cette lettre était de solliciter l'Assemblée nationale d'interposer sa médiation auprès du Roi pour en obtenir la grâce de quelques soldats qui, pour un fait d'insubordination, avaient été mis en prison et que la multitude avait délivrés par la violence.

Les citoyens porteurs de cette lettre ont fait demander d'être introduits dans l'Assemblée; mais elle a décidé qu'il n'y avait pas lieu de leur accorder la faveur d'entrer.

On a ouvert ensuite la discussion sur la réponse qu'il conviendrait de faire à cette lettre...

L'Assemblée décide d'envoyer au Roi une députation de

seize membres « pour le supplier de vouloir bien employer pour le rétablissement de l'ordre les moyens infaillibles de la clémence et de la bonté, qui sont si naturelles à son cœur, et de la confiance que son bon peuple méritera toujours [1] ».

Le 2 juillet, l'archevêque de Paris, chef de la députation, rendit compte de son entrevue avec le Roi. Celui-ci, après la lecture de l'arrêté pris par l'Assemblée, avait répondu : « Je trouve votre « arrêté fort sage ; j'approuve les dispositions de « l'Assemblée des États-Généraux, et tant qu'elle « continuera à me marquer de la confiance, j'es-« père que tout ira bien. »

Puis, après avoir pris des informations sur l'affaire, il écrivit la lettre suivante, dont l'archevêque de Paris donna lecture à l'Assemblée, dans la séance du 3 juillet.

Elle est intéressante parce qu'elle est une nouvelle preuve des bonnes intentions et de la faiblesse du Roi. Elle était conçue en ces termes :

Je me suis fait rendre un compte exact, mon cousin, de ce qui s'est passé dans la soirée du 30 juin. La violence employée pour délivrer les prisonniers de l'Abbaye est infiniment condamnable, et tous les ordres, tous les corps, tous les citoyens honnêtes et paisibles ont le plus grand intérêt à maintenir dans toute sa force l'action des lois,

---

[1]. *Journal des Débats et des Décrets*, t. I, pp. 80 et suiv.

protectrice de l'ordre public. Je céderai cependant dans
cette occasion, lorsque l'ordre sera rétabli, à un sentiment
de bonté, et j'espère n'avoir pas de reproche à me faire
de ma clémence lorsqu'elle est invoquée pour la première
fois par l'Assemblée des représentants de la Nation, mais
je ne doute pas que cette Assemblée n'attache une égale
importance au succès de toutes les mesures que je prends
pour ramener l'ordre dans la capitale. L'esprit de licence
et d'insubordination est destructif de tout bien, et s'il
prenait de l'accroissement, non seulement le bonheur de
tous les citoyens serait troublé, et leur confiance serait
altérée, mais on finirait peut-être par méconnaître le prix
des généreux travaux auxquels les représentants de la
Nation vont se consacrer. Donnez communication de ma
lettre aux États-Généraux et ne doutez pas de toute mon
estime pour vous.

Signé : Louis.

Le 2 juillet 1789.

Le résultat fut de la part des soldats et des insurgés une comédie de soumission en réponse à la soumission trop réelle du Pouvoir. Les gardes françaises, réintégrés à l'Abbaye dans la nuit du 3 au 5 juillet, reçurent leur grâce le 5[1].

Tel fut l'épisode révolutionnaire dans lequel Toulan apparut pour la première fois, et où com-

---

1. *Histoire parlementaire de la Révolution française*, par Buchez et Roux, t. II, pp. 31 et suiv. — Archives nationales, W. 400, doss. 027. — M. Léon Lecestre, *Revue des questions historiques*, avril 1880.

mença pour lui la notoriété qui devait plus tard l'élever à d'importantes fonctions publiques.

François-Adrien Toulan était un Méridional. Né à Toulouse en 1761, il s'était marié dans cette ville, au mois de juillet 1787, avec Françoise-Germaine Dumasbon. Cette femme, intelligente quoique peu lettrée, témoigna toujours à son mari une profonde affection, qu'il lui rendait d'ailleurs. Elle lui fut en toutes choses une compagne fidèle et souvent une aide dévouée.

A peine mariés, ils vinrent à Paris, au mois d'août 1787, et s'établirent, non loin des Tuileries, sur la section dite alors des Feuillants. Toulan ouvrit une boutique de libraire et de marchand de musique.

Ce genre de commerce convenait à ses goûts. Il dut plus d'une fois feuilleter les volumes qu'il avait à vendre, et ce fut dans ces lectures qu'il puisa cet amour fougueux de la liberté et cette haine de la monarchie qui le lancèrent dans les aventures, et ne tardèrent pas à lui donner dans son quartier une solide réputation de patriote.

Son succès dans l'émeute victorieuse du 30 juin lui valut la nomination de Président du district du Louvre. C'est en cette qualité qu'il figura dans le cortège de la Fédération de 1790.

Bientôt, soit que son commerce ne lui procurât

pas des ressources suffisantes, soit que son activité le poussât à tenter autre chose, il abandonna à sa femme la gestion de la librairie, et il entra comme employé, puis comme chef, dans le Bureau des biens des émigrés du district de Paris.

Plus tard, il donna sa démission de ce poste, pour créer, en société avec un nommé Fondard, un bureau libre destiné à hâter la liquidation des créances sur les émigrés.

Ces dernières fonctions nécessitant son rapprochement de la Maison Commune, il s'installa sur la section de ce nom, rue du Monceau-Saint-Gervais, n° 13, en face de Lorme. La rue du Monceau-Saint-Gervais était une petite rue étroite et tortueuse, située entre l'Hôtel de Ville et l'église Saint-Gervais, dans laquelle donnait la rue du Pourtour, qui existe encore. La rue du Monceau-Saint-Gervais a disparu depuis longtemps, et sur son emplacement se trouvent aujourd'hui la place Saint-Gervais, et une partie de la caserne Lobau.

On ignore si Toulan prit part à la journée du 20 juin. Au 10 août il se montra au premier rang parmi les assaillants du palais des Tuileries. Il fut nommé membre du Club des hommes du Dix-Août, et bientôt après élu membre de la première Commune, qualifiée du même nom.

Il en portait toujours sur lui la médaille et le brevet.

Le brevet était libellé comme suit :

COMMUNE DE PARIS

Le 29 août 1993 [1]

L'an deuxième ✝ *de la République Française*

Secrétaire-Greffier

Médaille

Donnée au Cⁿ Toulan, Membre de la Commune du Dix Août

Signé : COULOMBEAU, *secrét^{re} greff^r.*

Entre les mots *deuxième* et *de,* à la place marquée d'une croix, se trouve dessiné un médaillon qui porte dans le haut la mention : *Commune de Paris,* avec, au milieu, un bonnet phrygien ; puis, au centre, dans un cadre formé de deux branches de laurier, ces inscriptions :

Liberté
14 J^t 1789
Égalité
10 *aoust*
1792

---

1. Il y a là une faute d'impression évidente : 1993 pour 1793.

Ces différents titres, ainsi que les preuves nombreuses de civisme données par Toulan, le désignèrent naturellement pour les fonctions de surveillant au Temple.

Ce n'était point un homme ordinaire : son esprit était grand et son âme était haute. Doué d'une intelligence pleine de ressources, il joignait à une finesse extrême une audace et un courage imperturbables. Volontiers gouailleur, il trompait amis et ennemis par son habitude à tout prendre et à tout tourner en plaisanterie. C'était un de ces dissimulés qui ont la suprême habileté de cacher leur dissimulation sous les apparences d'une bonhomie expansive.

Lorsqu'il fut envoyé pour la première fois au Temple, sa réputation, sa conduite et les discours exagérés qu'il tint firent appréhender aux captifs de trouver en lui, sous des dehors peut-être moins grossiers, un ennemi impitoyable. Il sembla qu'il fallût un miracle pour transformer cet homme... Le miracle se fit. Il était entré au Temple avec l'horreur du tyran et de sa famille; il n'avait pas achevé ses deux jours de surveillance que sa haine et ses préjugés cédaient la place à une admiration profonde pour les victimes.

Quelles furent les causes d'un changement si extraordinaire et si subit? Dût son dévouement en paraître moins romanesque et moins poétique, il faut reconnaître que l'amour n'y fut pour rien. La pitié seule l'inspira.

Bien que Marie-Antoinette, malgré les années (elle avait alors trente-sept ans), malgré ses cheveux blanchis lors des émotions du voyage à Varennes [1], fût loin d'avoir entièrement perdu sa fière et imposante beauté, Toulan ne s'éprit point d'amour pour elle, au sens propre du mot.

C'est d'ailleurs une conception moderne, née du romantisme, que celle de ces passions bizarres attribuées aux « vers de terre » pour les « étoiles ». Qu'un homme de classe élevée comme le comte de Fersen, ou de bonne bourgeoisie comme Barnave, et même ici de bourgeoisie rehaussée par le talent et par la situation politique, s'éprenne d'une reine, la chose est possible, bien que pour le second elle ne soit point absolument démontrée; mais pour Toulan, pour cet obscur plébéien, resté peuple en dépit des bouleversements sociaux, plus apparents que réels, la supposition est à peine vraisemblable.

Et ce qui prouve qu'il est bien resté peuple, c'est sa conduite même pendant son séjour au Temple et après. A aucune époque il ne semble

1. *Mémoires de* Mme CAMPAS, t. II, p. 149.

avoir abandonné ses principes républicains ; il est humain, il est doux vis-à-vis des prisonniers, mais jamais il ne se préoccupe de la question politique quand il s'agit d'eux ; et lorsque son dévouement le pousse à comploter le salut de Marie-Antoinette, il a en vue la femme à sauver, et non la reine à relever sur le trône.

Son dévouement même n'est pas exclusif. Après le transfert de Marie-Antoinette à la Conciergerie, il reste près du Temple, et c'est avec Madame Élisabeth qu'au péril de sa vie il continue à échanger ses signaux. Faudrait-il donc alors le supposer amoureux de cette princesse ? Quand enfin les événements ont déjoué ses calculs, et que la perte de celle qu'il a voulu sauver est désormais inévitable, il se résigne aisément : il a la conscience d'avoir fait ce qu'il pouvait. Il ne songe plus qu'à son propre salut, et il montre alors une singulière liberté d'esprit, inconciliable avec un amour véritable.

Cette opinion repose, non point sur de vagues conjectures, mais bien sur la connaissance que nous avons des actes accomplis par lui depuis le complot dont il fut l'instigateur, et sur des documents sérieux et sincères, tels que les lettres de sa cousine Ricard et de son amie Rosalie Lafont. Elle concorde d'ailleurs avec son caractère, il est aisé de s'en rendre compte.

4.

Courageux et sensible, Toulan a d'abord embrassé les doctrines nouvelles parce qu'elles lui offrent les plus séduisants programmes : la protection des faibles, des humbles, la destruction des privilèges, en un mot cette philanthropie qui, au commencement de la Révolution, bouillonne dans toutes les imaginations. Plus tard, quand, vainqueurs de la royauté, les républicains arrivent au pouvoir, la haine chez lui ne survit pas à la lutte. Il laisse à d'autres le soin de poursuivre de leurs vexations des victimes à terre; il ne veut plus savoir si, à ses yeux de patriote, la prisonnière a ou non mérité son sort, en expiation des fautes qu'il lui reprochait jadis : il ne voit qu'une grandeur déchue, une majesté dans le malheur, défiant l'adversité par la dignité sereine qu'elle oppose à ses coups les plus terribles. Il est conquis par le spectacle de cette mère infortunée, séduit peut-être aussi par la pensée de devenir, lui l'obscur employé et le citoyen inconnu, le protecteur d'une Reine de France; et troublé, cédant au charme du malheur, il passe du parti des ennemis dans celui des plus sûrs, des plus fidèles serviteurs.

Il n'en reste pas moins ce qu'il a toujours été; il devient un héros d'un genre spécial, qui se dévoue pour Marie-Antoinette sans cesser d'être républicain et d'aimer sa femme...

Il fut de service au Temple pour la première fois le 19 septembre, ainsi que le constate une note écrite de la main du concierge Mathey. De ce jour-là datent ses intelligences avec les prisonniers, puisque Marie-Antoinette écrit le 7 février, que « ses sentiments lui sont connus ; que depuis cinq mois il n'a pas varié. »

Comment s'y prit-il pour instruire les princesses de sa subite conversion ? Comment y parvint-il sans attirer l'attention de ses collègues ? On l'ignore et on l'ignorera toujours. Ce qui est certain, c'est que très rapidement les princesses prirent en lui la plus entière confiance. Il sut si bien les convaincre de sa franchise et de sa loyauté qu'elles ne redoutèrent de lui ni piège, ni trahison. Madame Élisabeth avertit aussitôt Turgy de ces intelligences, et, dans un billet que celui-ci nous a conservé, elle lui apprenait comment la Reine et elle l'avaient surnommé : « *Vous remettrez ceci à Toulan, que dorénavant nous appellerons Fidèle*[1]. »

Mais « Fidèle » ne pouvait être utile qu'à la condition de garder son masque révolutionnaire. La Tour du Temple fourmillait de délateurs et d'espions, toujours aux aguets. Toulan n'eut garde

---

1. *Fragmens*, par Turgy, p. 355.

de se laisser deviner; il avait trop de finesse pour se trahir aux yeux de ces gens-là. Il resta donc le même en apparence, toujours libre dans ses propos vis-à-vis des prisonniers, toujours patriote ardent, scandalisant fort ceux de ses collègues qui gardaient en secret le culte de la royauté[1]. Il trompa tout le monde, hormis ceux qu'il ne voulait point tromper. Et le 2 décembre 1792, lorsqu'on renouvela la Commune, il fut réélu sans opposition, comme un ferme citoyen ennemi des tyrans.

Jusqu'au 21 janvier, il se borna à rendre quelques menus services aux prisonniers. C'est lui qui eut l'idée de payer un crieur à la voix de stentor pour venir tous les soirs, vers les dix heures, répéter aux pieds des murailles le sommaire de son journal. Ces renseignements étaient fort vagues : il y suppléait en s'introduisant souvent au Temple, en dehors de son service, sous divers prétextes. C'est lui qui, le 1er janvier 1793, transmit à la famille royale les vœux de Louis XVI, à qui il rapporta ceux de la Reine, de Madame Élisabeth et des enfants royaux[2].

La mort du Roi avait seule enlevé à Marie-

---

1. *Quelques Souvenirs*, par LEPITRE, p. 19.
2. *Ibid.*, pp. 23-27, etc.

Antoinette son opiniâtreté de confiance. De son côté, Toulan voyait le danger suspendu maintenant de façon immédiate sur la tête de la Reine. Il trembla pour la vie de celle qu'il entourait du culte le plus chevaleresque et le plus généreux. Dans l'ardeur de son dévouement, il osa parler de ses craintes, et il sut le faire en montrant, à côté du péril, le salut, sinon assuré, du moins probable, du moins possible.

Le parti qui avait eu l'audace de conduire le roi de France à l'échafaud ne reculerait devant rien. Il fallait au plus tôt aviser au moyen de lui enlever ses autres victimes. L'imagination de Toulan ne resta point oisive, et il eut bien vite ébauché le plan de cette tentative.

Il se chargeait, lui, de faire sortir du Temple les prisonniers. Quant à les mettre hors Paris, hors la France, la tâche était pour lui beaucoup plus difficile ; Marie-Antoinette n'avait-elle point quelque serviteur, quelque ami qui pût l'y aider ?...

Éblouie par cette proposition, la Reine n'ose d'abord croire un tel bonheur possible ; bientôt, gagnée par les discours du Gascon, par son aplomb, son entrain, sa confiance, elle accepte son idée. Elle voudrait néanmoins, avant de s'engager, l'avis d'un homme prudent et sage. Un nom vient aussitôt sur ses lèvres : celui de Jarjayes. Où pourrait-elle trouver, pour elle un conseiller plus sûr, pour Toulan un complice plus précieux et meilleur?

Elle ne doute pas qu'il soit resté dans Paris, car elle le connaît, et elle se souvient qu'il en a reçu l'ordre formel de son Roi. Sans perdre de temps, elle indique au municipal le nom et la demeure du général; elle lui remet le billet destiné à l'accréditer auprès de lui....

Toulan, malgré le danger, n'a pas hésité à se rendre chez le royaliste; mais il a su si bien dissimuler son changement à ceux-là mêmes qui le voient fréquemment au Temple, que rien n'en a transpiré au dehors, et qu'il a conservé pour tous sa réputation de patriote farouche. Ainsi s'expliquent l'émotion et l'étonnement de M. de Jarjayes en présence d'une révélation si extraordinaire et si imprévue.

CHAPITRE III

Entretien de Toulan et de Jarjayes. — Celui-ci veut voir la Reine. — Difficultés de l'entreprise. — Le ménage Tison. — Précautions de la Commune à leur égard. — Seconde entrevue. — Second billet de la Reine. — Toulan trouve un moyen. — Déguisement du chevalier. — Il pénètre dans le Temple. — Il voit la Reine. — Description de la chambre de Marie-Antoinette. — Émotion du chevalier. — Craintes de la Reine. — Troisième billet. — Réponse de Jarjayes. — Quatrième billet.

Le premier instant de surprise passé, le chevalier se remit promptement. La Reine l'appelait ; son devoir était de se rendre à cet appel.

Bien que le billet de Marie-Antoinette, présenté par Toulan, fût très net et lui donnât toute sécurité pour entamer des pourparlers avec son envoyé, M. de Jarjayes ne crut pas devoir se départir d'une certaine réserve. Il était d'une bravoure froide et réfléchie, et l'expérience qu'il avait acquise au spectacle des événements, jointe à la maturité de son esprit, lui commandait la prudence. Dans une pareille aventure, il ne voulait rien donner au hasard de ce qu'il pouvait lui enlever.

Il interrogea donc le commissaire et lui demanda son plan, ses projets, ses moyens de réussite.

Bien que beaucoup plus jeune que son interlocuteur, Toulan n'était pas moins expérimenté, et il l'égalait assurément en circonspection. Il ne se livra point et donna, en termes vagues, quelques indications de nature, selon lui, à faire comprendre ce qu'il voulait.

Le chevalier, tout en appréciant comme il convenait la démarche du commissaire, résolut de bien s'assurer des choses avant de se lancer en avant. Il s'agissait du salut de la Reine, et l'importance d'une telle entreprise exigeait qu'on ne s'y engageât point sans certitude.

Pour cela, il n'envisagea qu'un moyen : pénétrer près d'elle, la voir, lui parler, et recevoir de sa bouche même les instructions qu'elle voudrait bien lui donner.

Comptant pour rien les dangers qui n'atteindraient que lui, il communiqua aussitôt à Toulan son idée; il lui demanda de l'introduire au Temple, ne fût-ce qu'un instant, et de le mettre en présence de la Reine.

Les âmes de héros se comprennent. Toulan ne parut point surpris. Il se contenta de répondre que la chose était difficile, mais possible à la rigueur; qu'il y réfléchirait et étudierait le moyen de satisfaire au désir exprimé par M. de Jarjayes. Puis, avant de le quitter, il pria celui-ci de vouloir bien lui remettre un mot qu'il pût rapporter à la Reine, et qui lui prouvât qu'il s'était acquitté de sa mission.

Sans hésiter, le général accorda ce qu'on lui demandait, et il confia une lettre pour Marie-Antoinette à cet officier de la Commune que quelques minutes auparavant il croyait son ennemi.

« Fidèle » transmit la réponse du chevalier à la Reine, et lui fit part du projet audacieux que celui-ci avait conçu. La Reine tressaillit de joie, mais elle trembla aussi. Cependant, le plaisir qu'elle aurait à voir ce dévoué serviteur, à s'entendre avec lui, à combiner un plan de délivrance, l'emporta sur ses appréhensions et sur ses scrupules. Toulan, docile aux vœux de l'un et de l'autre, se mit à chercher le moyen de mener à bonne fin cette première entreprise.

La chose n'allait point de soi; les périls à courir étaient nombreux et grands pour chacun. Le

Temple, on le sait, fourmillait de surveillants, et, qui pis est, d'espions. Parmi les gens de la domesticité, plusieurs n'avaient été choisis que parce qu'on pouvait compter sur leur zèle révolutionnaire, sur leur haine des personnes royales. Parmi eux, et plus dangereux à eux seuls que tous les autres, figuraient Tison et sa femme.

Ce couple abominable avait été placé au Temple par la Commune sous le prétexte d'aider Hue et Cléry, et attaché spécialement au service de la Reine et de ses enfants ; en réalité, pour y accomplir la plus vile besogne. Le ménage était bien appareillé : le mari, « cet homme fourbe et méchant, savait composer sa figure et tâchait de s'immiscer dans l'esprit des commissaires qu'il voyait pour la première fois. Atroce dans ses discours avec ceux dont la scélératesse lui était connue, il affectait une certaine pitié en parlant aux hommes qui lui paraissaient honnêtes et sensibles [1]. » De même la femme, bien que la crainte y eût plus de part que son propre penchant, se modelait sur son mari, et, « avec une hypocrisie infernale, semblait entrer dans toutes les peines des augustes captifs [2] », espérant par là attirer des confidences, que le couple était prêt à vendre à ses protecteurs.

---

1. *Quelques Souvenirs*, par LEPITRE, p. 17.
2. *Précis*, par le baron DE GOGUELAT, p. 74.

Afin d'être sûr de ces gens, placés là pour trahir, et qui, par cela même, n'inspiraient aucune confiance, la Commune n'avait reculé devant rien pour les tenir à sa discrétion ; elle avait même usé d'un singulier moyen, bien digne d'elle d'ailleurs. Les Tison possédaient une fille, enfant de quinze ans environ ; il paraît qu'ils l'aimaient vraiment, et cette affection était le seul sentiment humain qui eût prise sur eux. La Commune avait séquestré l'enfant, et jouait de ces misérables comme d'animaux affamés ou repus[1] en la leur montrant et en la leur retirant tour à tour, pitoyable otage, qui répondait à la fois de la fidélité et de l'infamie de ses parents.

On comprend combien de telles gens étaient dangereux. La Reine même, alors qu'il n'était encore question pour Jarjayes que de se mettre en rapport avec Toulan, avait aussitôt songé à le prémunir contre ce couple hypocrite et méchant. « Ne vous fiez pas trop à la femme de l'homme « qui est enfermé ici avec nous. Je ne me fie ni « à elle ni à son mari, » avait-elle écrit.

C'était bien pis aujourd'hui. Le chevalier voulait venir au Temple ! Aussi, dès qu'il fut question de tenter cette démarche, Marie-Antoinette, plus

---

1. *Marie-Antoinette*, par Ed. et J. DE GONCOURT, p. 120.

défiante que jamais, confia au municipal un nouveau billet dans lequel, tout en approuvant et hâtant l'exécution du projet de Jarjayes, elle répétait dans les termes les plus pressants son premier avertissement :

« *Maintenant, si vous êtes décidé à venir ici, il serait mieux que ce fût bientôt. Mais, mon Dieu! prenez bien garde d'être reconnu, et surtout de la femme qui est enfermée ici avec nous!* »

Toulan, en effet, avec cette fécondité d'imagination et cette habileté inventive qui ne l'abandonnaient jamais, Toulan avait rapidement trouvé le moyen de satisfaire au double désir exprimé par Marie-Antoinette et M. de Jarjayes.

Il avait remarqué que, parmi le nombreux personnel employé au service du Temple, et qui entrait et sortait librement à l'aide de cartes données par les municipaux, un allumeur de quinquets venait tous les soirs, vers cinq heures et demie, soit seul, soit accompagné d'un ou de deux enfants. Les sentinelles, habituées à sa présence, le laissaient passer, souvent même sans lui demander sa carte.

S'entendre avec cet homme et acheter à prix d'or sa complicité eût peut-être été possible; mais toute complicité devenait un péril, surtout lorsque le complice était un homme de basse extraction qui, possesseur d'un secret terrible, pouvait le trahir par cupidité, par méchanceté ou même par simple maladresse.

Toulan imagina mieux.

Sous prétexte de montrer le Temple et la Reine captive à un de ses amis, patriote comme lui, il persuada à l'allumeur de quinquets de se laisser remplacer un soir, et celui-ci y consentit sans défiance.

Grâce à cette combinaison, M. de Jarjayes revêtit les sales vêtements de l'allumeur de quinquets; sous ce déguisement il s'introduisit dans la prison, et y remplit ses fonctions sans être reconnu[1]. Ceci se passa le 6 ou le 7 février, jours où Toulan fut de service au Temple.

Le général vit la Reine quelques courts instants, mais elle eut le temps de lui confirmer de vive voix ce que ses billets lui avaient déjà appris. Elle lui recommanda de se fier entièrement à Toulan, d'écouter ses avis, et d'examiner avec attention les plans d'évasion qu'il lui proposerait.

Quelle dut être l'émotion du chevalier de Jarjayes en revoyant sa souveraine dans cette chambre mal carrelée, aux murs recouverts d'un

---

1. *Mémoires* de Mme CAMPAN, t. I, p. 218, note.

méchant papier vert à grands dessins! Et quel ameublement! Un lit à colonnes et une couchette à deux dossiers, adossés aux angles des cloisons; un canapé, sur le côté, dans l'embrasure de la fenêtre; sur la cheminée une glace de 45 pouces et une pendule... Cette pendule, qui devait mesurer le temps à la veuve de Louis XVI, représentait la Fortune et sa roue[1]!

Sans doute, le chevalier, si maître qu'il fût de lui, ne sut pas déguiser aussi bien ses impressions que sa personne, et sa contenance éveilla l'attention de quelques-uns des gens de la domesticité, car à peine avait-il quitté le Temple, que Marie-Antoinette, toujours craintive pour ceux qui se dévouaient à elle, lui fit tenir ce billet :

« *Prenez garde à madame Archi. Elle me paraît bien liée avec l'homme et la femme dont je vous parle dans l'autre billet. Tâchez de voir Mme Th.... On vous expliquera pourquoi. Comment est votre femme? Elle a le cœur trop bon pour n'être pas bien malade.* »

On est réduit aux conjectures pour ce qui concerne les personnes désignées par ces mots : « Mme Archi » et « Mme Th. » Pour la première, il y a de grandes vraisemblances à ce que ce soit

---

1. *Marie-Antoinette*, par Ed. et J. DE GONCOURT, pp. 393-394.

une femme employée près des prisonniers, la lingère probablement. Quant à « Mme Th. » qui, elle, est une amie puisqu'on la met dans le complot, s'agit-il de Mme Thibaut, première femme de chambre comme Mme de Jarjayes, qui, après avoir suivi la Reine aux Feuillants et au Temple (10-13 août), après avoir été emprisonnée à la Force, avait miraculeusement échappé aux massacres de Septembre?...

Le chevalier fut vivement touché de la sollicitude que témoignait la prisonnière envers lui et sa femme, sollicitude à laquelle les circonstances présentes donnaient tant de prix. Il répondit aussitôt, exprimant avec feu sa reconnaissance et sa foi dans l'avenir. Il saisit également cette occasion pour rassurer la Reine sur un de ses amis, dont le nom avait été prononcé dans leur courte entrevue, et que, par prudence, on ne désigne que sous le nom du « Nivernais ».

Le personnage dont il est ainsi question n'est autre assurément que le baron François de Goguelat, né à Château-Chinon, dans le Nivernais, lequel avait toujours montré à la famille royale un dévouement plus complet qu'heureux. Militaire rempli de courage mais d'une intelligence médiocre, il avait, à plusieurs reprises, compromis les intérêts confiés à ses soins, notamment pendant la fuite du Roi, au mois de juin 1791. Trop facilement docile aux ordres du jeune Choiseul, il avait abandonné avec lui le poste de Pont-Sommevesle, puis, arrivé à Varennes deux heures après l'arrestation des fugitifs, il s'était inutilement fait blesser d'un coup de feu alors que la volonté formelle de Louis XVI de ne rien tenter par la force pour sa délivrance rendait d'avance superflu cet excès de bravoure et de zèle.

Arrêté pour cette affaire, il fut relâché peu après, grâce à la soumission du Roi, qui se résigna à accepter la constitution de 1791, et obtint par là une amnistie en faveur de tous ceux qui s'étaient compromis à son service.

Goguelat, guéri, rentra à Paris, et se mit à la disposition de ses souverains. Pendant l'année qui suivit (de juillet 1791 au 10 août 1792), il fut pour Marie-Antoinette le plus utile des auxiliaires. C'est lui qui transcrivit la plupart des lettres qu'elle adressait alors à M. de Fersen; c'est lui qui porta plusieurs fois des missives importantes à Bruxelles. Il fut mêlé à ces négociations si curieuses, dont la découverte récente jette un jour tout nouveau sur les dessous de la Révolution[1].

---

1. Le récit de cette période se trouvera dans le volume intitulé : « *Un ami de la Reine.* »

Après le 10 août, il émigra et s'engagea dans les hussards de Bercheny[1].

Comme Jarjayes dont il était l'ami, il n'avait pas toujours été bien vu de l'entourage immédiat de la Reine. Le bruit en était parvenu jusqu'à Marie-Antoinette, qui n'avait point pour cela cessé d'estimer un serviteur dont elle appréciait le mérite et les services. Elle s'en explique dans ce billet qu'elle adressa à Jarjayes, et où, avant de l'instruire des résolutions prises pour le complot, elle le remercie du plaisir que son langage lui a causé, et témoigne de sa confiance dans le « Nivernais ».

« *Votre billet m'a fait bien du bien. Je n'avais aucun doute sur le Nivernais, mais j'étais au désespoir qu'on pût seulement en penser du mal. Écoutez bien les idées qu'on vous proposera; examinez-les bien dans votre prudence. Pour nous, nous (nous) livrons avec une confiance entière. Mon Dieu, que je serais heureuse et surtout de pouvoir vous compter au nombre de ceux qui peuvent nous être utiles! Vous verrez le nouveau personnage : son extérieur ne prévient pas, mais il est absolument nécessaire et il faut l'avoir. T... (Toulan) vous dira ce qu'il faut faire pour cela. Tâchez de vous le procurer et de finir avec lui, avant qu'il revienne ici.*

---

[1]. Il rentra en France en 1815 et mourut à Paris le 3 janvier 1831.

votre billiet ma fait bien du bien
je n'avois aucun doute, sur le
nivernois, mais j'étois au
desespoir, qu'on pu seulement
en penser du mal, ecoutez bien
les idées qu'on vous proposera
examinés les bien, dans votre
prudence, pour nous nous
livrons avec une confiance
entier. mon dieu que je serois
heureuse, et surtout de pouvoir
vous compter au nombre de
ceux, qui peuvent nous être
utile. vous verrez le nouveau
personnage, son exterieur ne
previens pas mais il est
absolument necessaire et
il faut l'avoir t... vous dira ce
qu'il faut faire pour setatchi de
vous le procurer et definir avec
lui avant qu'il revienne icy
si vous ne le pouvez pas voyés

Mr de la borde de ma part
si vous n'y trouves pas de
l'inconvenient, vous savez qu'il
a de l'argent a moi.

Si vous ne le pouvez pas, voyez M. de la Borde de ma part, si vous n'y trouvez pas de l'inconvénient. Vous savez qu'il a de l'argent à moi. »

Les choses avaient marché. Voici en quoi consistaient « les idées » de Toulan pour l'évasion de la famille royale.

CHAPITRE IV

Entrevues fréquentes de Toulan avec Jarjayes et avec la Reine. — Les prisonniers ne veulent pas être séparés. — Surveillance des commissaires du Temple. — Organisation du service de surveillance. — Les deux commissaires. — Nécessité de trouver des complices. — Choix difficile. — Désignation de la Reine.

Toulan et Jarjayes, bannissant toute défiance réciproque depuis que la Reine leur avait parlé, s'étaient mis à l'étude du projet d'évasion, sans perdre de temps. Le municipal servait de trait d'union entre le chevalier et la prisonnière. A ce propos, il est bon de dire que les commissaires s'introduisaient fréquemment au Temple en dehors de leurs jours de service. Le moindre prétexte suffisait, et l'écharpe tricolore ouvrait toutes les portes. Toulan ne se fit pas faute d'user d'une telle liberté. Et la chose était connue, puisque Marie-Thérèse rapporte que, dans son interrogatoire du 8 octobre 1793, on lui demanda si elle connaissait Toulan, « ce petit jeune homme qui venait souvent pour le service du Temple[1]...»

Le premier point convenu fut qu'on ne séparerait pas ce qui restait de la famille royale. Or, faire sortir quatre personnes du Temple était impossible si l'on ne trouvait un moyen de tromper la surveillance des gardiens ou de gagner ceux-ci.

La garde des prisonniers, confiée au début à quatre officiers municipaux, avait été un moment portée à huit pendant le procès du Roi. Elle venait d'être ramenée à quatre, depuis le 21 janvier. Le service des commissaires durait quarante-huit heures. Tous les deux jours, dans le Conseil général de la Commune, on tirait les noms au sort.

Le service commençait à neuf heures du soir; il était ainsi divisé : on passait vingt-quatre heures auprès des prisonniers et vingt-quatre dans la salle du Conseil. Celle-ci, située au rez-de-chaussée, était séparée de l'étage où se trouvait la Reine, par le premier où se tenait le corps de garde, et le second, où avait habité le Roi.

Lorsque les commissaires arrivaient pour prendre le service, ils commençaient par se mettre à table et par souper; puis ils tiraient au

---

1. *Récits des événements arrivés au Temple*, p. 58.

sort lesquels d'entre eux seraient placés les premiers auprès des prisonniers. Ceux que leur billet désignait pour la nuit montaient après souper et restaient chez la Reine jusqu'au lendemain onze heures; après leur dîner, ils reprenaient leur poste jusqu'à l'arrivée des nouveaux commissaires. Le second jour on faisait encore quelques heures de service [1].

Cette organisation ne dura guère, et le système de tirage au sort ne tarda pas à disparaître. Tous les membres de la Commune continuaient à être censés faire régulièrement leur service à tour de rôle; dans la réalité, il n'en était point ainsi. Le premier mouvement de curiosité satisfait, beaucoup d'entre eux cherchaient à esquiver ce qu'ils considéraient comme une corvée. La plupart se récusaient le vendredi, et le samedi surtout. « Ils n'étaient point curieux de passer au Temple le dimanche. Ce jour paraissait trop précieux à des hommes occupés toute la semaine pour vouloir sacrifier le plaisir et le repos qu'il leur procurait au soin de garder la famille royale, en restant enfermés avec elle [2]. »

Il en résulta que les commissaires désignés pour le service du Temple furent presque tou-

---

[1]. *Quelques Souvenirs*, par LEPITRE, p. 16.
[2]. *Ibid.*, p. 23.

jours des gens de bonne volonté qui s'offraient eux-mêmes pour cet office. Toulan, plus qu'un autre, profita de ces facilités.

Volontaires ou non, les commissaires de garde étant au nombre de deux, il importait, avant de pousser plus loin les préparatifs de l'évasion, de s'assurer la complicité d'un autre officier municipal. Toulan mettrait tout en œuvre pour être, d'abord, fréquemment de garde avec lui, afin de combiner leur plan; puis, pour que, le jour choisi, tous deux pussent coopérer à son exécution.

Comment trouver ce collègue? Les commissaires les plus sympathiques à la famille royale continuaient à garder, aux yeux de tous, la même attitude farouche envers les prisonniers, et le même langage révolutionnaire en présence des autres surveillants ou gardiens. Comment, sous des apparences identiques, distinguer les bons des mauvais?

La Reine seule connaissait ceux qui lui étaient dévoués; elle avait déjà attiré l'attention de Toulan sur l'un d'eux, nommé Lepître. Dans la circonstance, elle le lui désigna comme le plus propre à les seconder dans leur audacieuse entreprise, celui que, coûte que coûte, il fallait gagner.

CHAPITRE V

Jacques-François Lepitre. — Son caractère. — Représentant de la Commune de Paris. — Membre de la Commune provisoire. — Son premier service au Temple. — Son royalisme caché. — Il se fait connaître au Roi, à la Reine. — Ses relations avec Toulan. — Romance offerte par lui à Louis XVII. — Il est président du Comité des passeports.

C'était un type vraiment curieux que ce Jacques-François Lepitre[1].

S'il n'avait ni le physique ni l'âme d'un héros, à coup sûr il en possédait l'imagination. Assemblage bizarre de bravoure, de prudence et de pusillanimité, il était tout contraste et même contradiction. Instruit d'ailleurs et laborieux, pas plus que de défauts il ne manquait de qualités.

Il naquit à Paris le 6 janvier 1764. Il n'avait pas vingt ans que déjà il avait pris femme, et pro-

---

1. Pour tout ce chapitre voir *Quelques Souvenirs*, par Lepitre.

fessait la rhétorique au collège de Lisieux. A vingt ans accomplis, il fondait un pensionnat dans la section de l'Observatoire, n° 168[1], rue Saint-Jacques, et il en prenait la direction. Parlant avec l'abondance fleurie d'un professeur disert, ornant son langage de citations volontiers latines, il se montra probe, timide, correct dans ses allures et dans sa vie privée.

Au rebours de Toulan, que la pitié devait conquérir sinon à l'opinion, du moins à la personne royale, Lepître était un royaliste que le malheur des temps et une prudence bien entendue avaient rendu républicain. Du reste, dans cette nouvelle incarnation, il n'apporta de conviction que ce qui était nécessaire pour mériter le renom de patriote, et donner une idée avantageuse de ses vertus civiques. Il garda, en somme, une attitude plutôt modérée ; et de la sorte, manœuvrant avec habileté entre la réaction et la révolution, il inspira confiance à tous. Aussi, lorsque, après juillet 1789, on remplaça les électeurs par une assemblée de trois cents représentants de la Commune de Paris, il fut honoré des suffrages de ses concitoyens, et choisi par eux pour siéger dans cette assemblée, qui se réunit le 18 septembre.

---

1. A cette époque, les maisons étaient numérotées par section, et non point par rue comme aujourd'hui.

Les avocats y étaient plus nombreux que les professeurs. Il dut se taire ; mais, en savant habitué à pérorer devant un auditoire facile, il souffrit de cette contrainte, et il s'en explique non sans malice : « Perdu dans cette foule d'hommes avides de la parole, je me bornai au rôle d'auditeur, et ce n'était pas le moins fatigant.... »

Après la première fédération (14 juillet 1790), il quitta ces fonctions. Il venait d'être nommé professeur de belles-lettres dans un des collèges de Paris, et il avait conservé sa maison d'éducation ; c'était une besogne suffisante pour lui : il ne pouvait s'occuper des intérêts publics. Il resta ainsi éloigné des affaires jusqu'au 2 décembre 1792.

A cette époque, il retrouva des loisirs : le temps n'était point aux fortes études. Il voulut tâter à nouveau de la vie politique. Fût-ce le désir de se rendre utile aux prisonniers du Temple, comme l'y poussèrent, à l'en croire, les citoyens honnêtes de sa section ; fût-ce, au contraire, pour mettre à profit sa réputation bien établie de républicain ; fût-ce la curiosité de voir s'il y aurait moins d'avocats dans cette nouvelle assemblée, et s'il y pourrait prendre sa revanche, toujours est-il qu'il se présenta de nouveau aux suffrages des citoyens de sa section, et qu'il fut élu membre de la municipalité installée le 2 décembre 1792, sous le nom de Commune provisoire.

Quelques jours après le 9 décembre, on l'envoya au Temple. La vue du Roi et de la Reine prisonniers, supportant leur sort avec tant de dignité, l'émut profondément, et réveilla le vieux royalisme qui sommeillait en lui.

Le 15 décembre, étant de service chez le Roi, il attira l'attention de Louis XVI par une petite mise en scène, bien appropriée à son caractère et à sa profession.

Sous prétexte de se distraire et d'échapper à la société d'un collègue maussade et taciturne, il passa dans la chambre du Roi et lui demanda la permission de prendre sur sa cheminée les œuvres de Virgile :

— Vous savez donc le latin? dit le Roi, surpris.

— Oui, sire, répondit-il bien bas.

Et il ajouta :

— Non ego cum Danaïs Trojanam exscindere gentem
Aulide juravi!

Ce qui voulait dire, en bon français : « Je n'ai point juré, avec les révolutionnaires, de détruire la royauté. » Manière habile et flatteuse de se découvrir auprès du Roi, en se protégeant contre ses collègues, qui, apparemment, ne savaient pas le latin.

Le Roi lui montra, par un regard, qu'il l'avait compris....

Enhardi par ce premier succès, il osa témoigner de sa sollicitude pour la Reine, et dans une singulière occasion. Il avait entendu Toulan faire, sur les captifs, quelques remarques qu'il qualifie, dans sa brochure, d'*inconséquentes*. Il s'en ouvrit à Marie-Antoinette, et lui demanda si elle était bien sûre de l'homme avec qui il l'avait vue s'entretenir. Elle eut la bonté de le rassurer.

Ces divers témoignages de respect avaient attiré l'attention sur lui. Toulan, averti par les princesses, alla aux renseignements, et apprit ainsi qu'il valait mieux que les autres. Il le mit alors dans la confidence des menus services qu'il rendait aux prisonniers, et Lepître l'aida à l'occasion, tout fier de cette confiance et de l'importance qu'elle lui donnait.

Au physique, il s'en fallait qu'il fût séduisant ! Il était même fort laid : la taille courte, le ventre proéminent, il manquait totalement de prestige, d'autant qu'il était, par surcroît, affligé de claudication. La supériorité morale qu'il se reconnaissait le consolait sans doute de cette disgrâce, car, dans ses *Souvenirs,* il en parle avec une simplicité et une franchise dépourvues d'amertume.

La mort de Louis XVI le frappa vivement, et lui inspira des résolutions viriles, qui se traduisirent sous la forme d'une romance en cinq couplets. Il la composa pour le petit Louis XVII, et la lui offrit le 7 février. Les vers en étaient du royalisme le plus pur, et excellents quant à l'intention.

Ce dernier trait, joint aux marques de sympathie précédemment données par lui, fixa le choix de Marie-Antoinette. En outre, une raison puissante militait en sa faveur : Lepître était président du comité des passeports; comme tel, son concours devenait plus que précieux, indispensable.

Toulan, sur l'ordre de la Reine, l'initia aussitôt au projet formé pour la délivrance des captifs.

CHAPITRE VI

L'imagination de Lepître s'enflamme. — Réflexions. — La Reine insiste. — Il faut l'avoir coûte que coûte. — Sacrifice d'argent. — Appel à M. de la Borde. — Jarjayes refuse ce concours nouveau. — Trop de complicités. — Cinquième billet. — Jarjayes et Lepître. — Accord. — Sixième et septième billets. — La boîte en or.

Aux premiers mots de Toulan, l'imagination de Lepître s'enflamma.

Une conspiration! faire partie d'une conspiration, quel rêve pour un homme qui avait si longtemps traduit, expliqué et commenté les auteurs classiques de la Grèce et de Rome, où les conspirations, comme l'on sait, furent toujours pratiquées et honorées! C'était entrer dans l'histoire, immortaliser son nom, et se préparer quelques lignes élogieuses dans les Thucydide ou les Tite-Live de l'avenir. Personne n'eût été insensible à une semblable perspective, à plus forte raison le professeur : il accepta avec joie de faire partie du complot.

Ceci était le premier mouvement, produit de l'imagination qui s'emporte, va de l'avant sans s'inquiéter de rien. Par malheur, l'âme chez Lepître suivait avec peine l'imagination, ou plutôt ne la suivait point. Le premier feu calmé, Lepître réfléchit à la gravité de la chose... Il se souvint qu'il était marié, qu'il dirigeait un établissement prospère, qu'il lui faudrait quitter sa femme, quitter la France, et, avec la France, le pensionnat de la rue Saint-Jacques. C'était là de bien gros sacrifices...

Il s'en ouvrit discrètement à Toulan, qui en référa à Marie-Antoinette.

Par cela même qu'on avait déjà initié Lepître au projet formé, il importait d'en poursuivre avec lui la réalisation. C'eût été une trop grande imprudence que de s'adresser ailleurs et d'éveiller ainsi la curiosité de plusieurs commissaires, sans s'en faire des complices qu'on tiendrait par la communauté du péril. De plus, quel autre choisir? Lepître en outre présidait le comité des passeports : seul il pouvait aisément donner aux fugitifs ceux qui leur seraient nécessaires... Enfin le temps pressait.

Comme le professeur n'avait fait aucune objection tirée du péril de l'entreprise et qu'il alléguait simplement le préjudice qui en résulterait pour lui, la question se résolvait donc en une indemnité à lui donner par avance pour le dédommager du tort qui pouvait lui être causé. La Reine décida de passer outre, et de s'attacher Lepitre, coûte que coûte, dût-on l'acheter.

Un homme seul pouvait venir à bout de cette négociation, et pour cause : c'était Jarjayes. Elle le lui adressa.

Sachant que le général, caractère intègre et désintéressé par excellence, serait fort mal impressionné par les motifs qui lui valaient la visite de Lepitre, sachant en outre que le physique du malheureux commissaire ne plaidait point en sa faveur, elle craignit que Jarjayes ne se laissât aller à un mouvement d'humeur et ne compromît le résultat des négociations. Elle prit donc un soin tout particulier de le prémunir contre une fâcheuse impression. On voit dans son billet l'insistance qu'elle met à répéter au chevalier que cet homme est « *absolument nécessaire et qu'il faut l'avoir* ».

Puis elle charge Toulan d'expliquer clairement le moyen à employer. Comme la somme à débourser peut être considérable, elle n'ose point imposer ce nouveau sacrifice à M. de Jarjayes, et elle lui indique, en cas de besoin, son banquier Jean-Benjamin de la Borde, ancien valet de chambre de Louis XV, devenu fermier général à la mort de ce prince, et qui « *a de l'argent à elle* ».

Mais Jarjayes ne jugea ni prudent ni sage de mettre un nouveau personnage dans la confidence de leur complot[1], et prêt à risquer sa vie, il risqua aussi sa fortune. Il répondit à la Reine qu'il désirait mener seul cette affaire à bonne fin. Elle comprit la force de ces raisons :

« *En effet, je crois qu'il est impossible de faire aucune demande dans ce moment près de M. de la B... (Borde). Toutes auraient de l'inconvénient, il vaut mieux que ce soit vous qui finissiez cette affaire par vous-même, si vous pouvez. J'avais pensé à lui pour vous éviter l'avance d'une somme si forte pour vous.* »

Le général s'aboucha avec Lepître, et fit le nécessaire pour lever ses dernières hésitations. Le professeur, rassuré sur le préjudice matériel que sa participation pouvait lui faire encourir, se mit à la disposition des conjurés, et leur offrit même son logement pour y tenir leurs réunions.

Informée de ce résultat, la Reine en témoigna

---

1. D'ailleurs, à cette époque, M. de la Borde avait quitté Paris. Il s'était réfugié en Normandie, où il fut arrêté l'année suivante, ramené à Paris, et guillotiné (22 juillet 1794).

aussitôt sa satisfaction au généreux chevalier :

« *T... (Toulan) m'a dit ce matin que vous aviez fini avec le comm... (commissaire). Combien un ami tel que vous m'est précieux !* »

Mais elle ne put s'empêcher d'établir une comparaison entre Lepître, qui recevait une fortune, et Toulan, qui méritait infiniment plus et qui ne recevait rien. Elle s'en ouvrit à Jarjayes :

« *Je serais bien aise que vous pussiez faire quelque chose pour T... (Toulan). Il se conduit trop bien avec nous pour ne pas le reconnaître.* »

Toulan n'était pas un Lepître. Aussi désintéressé qu'il se montrait sensible et dévoué, il ne voulut rien accepter de la Reine, si ce n'est une boîte en or dont elle faisait quelquefois usage[1].

Funeste à ses meilleurs amis, la reconnaissance de Marie-Antoinette devait avoir dans la suite de singulières conséquences, et cette boîte même devenir contre son possesseur la base de la plus terrible accusation...

---

1. *Précis*, par le baron DE GOGUELAT, p. 77.

CHAPITRE VII

Plan d'évasion. — Réunion chez Lepître. — Toulan amène son ami « Ricard ». — Distribution des rôles. — Précautions prises au Temple contre les indiscrétions possibles. — Déguisements de la Reine et de Madame Élisabeth. — Vêtements apportés au Temple par les commissaires. — Le chapeau de Toulan. — Écharpes tricolores. — Déguisement de Marie-Thérèse. — Le lampiste et ses enfants. — Difficulté de faire sortir Louis XVII. — Nouveau complice.

Quels qu'eussent été les moyens de persuasion employés vis-à-vis de Lepître, ce commissaire était gagné, et l'on pouvait maintenant faire entrer le projet d'évasion dans une phase pratique.

Les données du problème ne laissaient pas d'être compliquées. Il s'agissait de sauver la famille royale tout entière : or, à ce moment, la famille royale comprenait quatre personnes : la Reine, Madame Élisabeth, la princesse Marie-Thérèse et un enfant, le petit Louis XVII. Cette multiplicité de prisonniers à faire évader centuplait les difficultés de la tâche.

Pour grandes qu'elles fussent, ces difficultés n'étaient cependant pas capables d'effrayer ni d'arrêter des hommes comme Toulan et Jarjayes, mais il importait de les surmonter toutes; il fallait donc tout prévoir. De là, la nécessité de nombreuses conférences, où l'on pèserait, où l'on examinerait avec un soin méticuleux les idées de chacun.

Ce fut au domicile de Lepître, rue Saint-Jacques, dans ce quartier éloigné du Temple, que l'on convint de se réunir. Outre le professeur, assistaient à ces conciliabules Jarjayes, Toulan et un quatrième individu désigné quelquefois sous le nom de Ricard et que Lepître appelle Guy.

On manque de renseignements sur ce personnage, et cette lacune est fort regrettable, car ce n'était pas le premier venu. On lira plus loin[1] la discussion élevée à son sujet; et l'on verra comment, à l'aide des documents que nous possédons, on parvient à établir sa personnalité aussi bien qu'à découvrir le curieux roman d'amour qui le mêla à tous ces événements. Ce qui est dès à présent certain, c'est qu'il fut présenté à Toulan par une cousine de celui-ci nommée Ricard, et, grâce à cette protection, placé comme

---

1. IVe partie, chapitre VII.

employé dans le bureau du Toulousain. Moins vif, moins entreprenant peut-être que son chef, dont il devint l'ami, il ne manque pourtant ni de courage ni d'audace, et il en donnera quelque jour une preuve éclatante. Comme Toulan, il semble posséder ce caractère enjoué et cet esprit gascon, qui donne à cette aventure une saveur si originale et si franche...

Il fut initié de bonne heure à la transformation qui s'était opérée dans les opinions et la manière d'être du membre de la Commune, car il le seconda en mainte occasion, dans les services que celui-ci s'efforçait de rendre aux prisonniers. C'est lui (que nous appellerons désormais Ricard) qui transcrivait les notes de quelque étendue que l'on remettait à la famille royale. La ténuité, la netteté de son écriture et son zèle discret étaient, au dire d'un témoin[1], d'une grande utilité.

Amené aux réunions de la rue Saint-Jacques, il fut mis au courant du projet et accepta volontiers de remplir le rôle qu'on lui destinait.

Pendant ce temps et dans l'intervalle des réunions, les deux commissaires retournaient vers la Reine, lui faisaient part des décisions prises, et recevaient ses conseils. Ils profitaient de la ré-

---

1. *Fragmens*, par Turgy, p. 332.

pugnance de leurs collègues à venir s'enfermer au Temple, comme surveillants pour s'offrir à leur place le plus souvent possible, et ils réussirent fréquemment à les remplacer.

Pour être certain qu'on ne les séparerait pas, Toulan imagina cette ruse : ils n'étaient souvent alors que trois; dès qu'ils se trouvaient dans la salle des commissaires, il faisait un nombre égal de billets, dont l'un portait le mot *jour* et dont les autres auraient dû porter le mot *nuit*, mais sur lesquels il écrivait le mot *jour*. On présentait les billets à tirer au troisième commissaire, et quand celui-ci ouvrant le premier billet avait lu : *jour*, Toulan et Lepître jetaient les leurs au feu, sans les regarder, et se rendaient ensemble à leur poste. Comme ils ne venaient presque jamais avec la même personne, ce moyen réussit toujours [1].

Lorsqu'il s'agissait d'entretenir les princesses, l'espionnage de Tison et de sa femme n'était pas le seul danger à redouter. Le petit roi était trop jeune encore pour être mis dans la confidence, et il y avait tout à craindre des indiscrétions involontaires ou inconscientes de cet enfant, qui, sans avoir une raison au-dessus de son âge, avait une curio-

1. *Quelques Souvenirs*, par Lepître, p. 32.

sité et une attention précocement développées.

On prit vis-à-vis de lui les plus minutieuses précautions, — inutilement d'ailleurs, car il devait plus tard les dénoncer. — On avait soin de toujours parler à voix basse, quand il était là, et pendant les conférences on l'envoyait jouer dans une des tourelles, sous la surveillance de Madame Royale, sa sœur[1].

Vers la fin du mois de février 1793, les conjurés étaient tombés d'accord sur le plan à suivre. Voici ce qui avait été décidé pour chacun :

La Reine et Madame Élisabeth s'échapperaient à l'aide d'un déguisement. On avait naturellement pensé à leur faire endosser des costumes de municipaux. Les commissaires venaient nombreux au Temple, et souvent en dehors de leur service. L'écharpe leur permettait de circuler à peu près librement. Le choix était donc bon, d'autant que la saison autoriserait les fugitives à porter sur leur costume une longue douillette, ce qui aurait l'avantage de dérober aux regards curieux la taille de ces singuliers officiers de la Commune, et de rendre leur marche moins suspecte.

Aussitôt ce point résolu, on s'occupa de la confection des uniformes. Mme de Jarjayes y tra-

---

1. Archives nationales, W 290, dossier 261.

vailla sans doute, ainsi que la femme de Toulan et sa cousine Ricard, qui semblent avoir été initiées aux détails du complot. Puis, à différentes reprises, les deux commissaires apportèrent au Temple les diverses parties de ces vêtements, en les dissimulant soit dans leurs poches, soit sur eux-mêmes au moyen de leurs pelisses [1]. Pour les chapeaux, la chose était moins aisée. Toulan se tira de la difficulté avec son esprit ordinaire : il laissa un jour le sien dans la chambre de Madame Élisabeth et sortit nu-tête, sans même éveiller le moindre soupçon chez les gardiens ou les sentinelles, grâce à sa verve caustique et à son imperturbable aplomb.

Ils n'eurent garde d'oublier les écharpes et les cartes d'entrée, semblables à celles dont se servaient les membres de la Commune.

Pour la princesse Marie-Thérèse, voici ce que Toulan avait inventé :

Se rappelant le moyen qu'il avait employé pour introduire Jarjayes auprès de la Reine, dans les premiers jours du mois, il songea à quelque chose d'analogue. L'allumeur de quinquets ne venait point seul au Temple; le plus souvent il amenait avec lui un ou deux de ses enfants, et se

---

[1] *Quelques Souvenirs*, par LEPITRE, p. 31.

faisait alors aider par eux dans sa tâche. Il pensa à déguiser Madame Royale, et à la faire passer pour un des enfants du lampiste.

On examina l'accoutrement de ceux-ci, et on prépara des habits semblables. Par-dessus un léger vêtement, on devait affubler la princesse d'un pantalon sale et d'une carmagnole grossière. De gros souliers, une vieille perruque et un mauvais chapeau pour cacher les cheveux, compléteraient l'ajustement. La figure, les mains seraient mises dans l'état propre à faire illusion. Le déguisement s'opérerait dans la tourelle voisine de la chambre de la Reine, où Tison et sa femme n'entraient jamais[1].

Quant à l'allumeur de quinquets, on pouvait encore moins que la première fois le mettre dans la confidence ; on résolut de se servir de lui sans qu'il s'en doutât.

Il venait d'ordinaire vers cinq heures et demie et s'en allait bien avant sept heures. A ce moment-là les sentinelles étaient relevées. C'est l'instant que choisirait Ricard, — car c'était à lui qu'était échu ce rôle, — pour entrer au Temple, vêtu comme le lampiste et tenant à la main sa boîte de fer-blanc. Il monterait à l'appartement

---

1. *Quelques Souvenirs*, par Lepitre, p. 35.

de la Reine, et frapperait à la porte. Toulan se montrerait aussitôt, et, s'adressant au lampiste, le gronderait bruyamment de venir si tard, et d'avoir envoyé un enfant faire à sa place son service, puis il lui dirait de le reprendre avec lui, en lui insinuant l'ordre de déguerpir au plus vite, ce que l'autre s'empresserait de faire.

Restait le petit roi.

Il semble certain qu'on songea à le déguiser comme sa sœur, et à le faire passer pour un second enfant du lampiste. La chose n'était point impossible; cependant on y renonça, par prudence sans doute. On craignit de donner à l'enfant un rôle trop difficile pour son âge. Un cri, un geste, l'air même de sa physionomie pouvait le trahir. Comment livrer la sécurité de tant de personnes à l'imprudence involontaire d'un enfant si jeune?

On trouva bientôt un moyen meilleur pour l'emmener hors du Temple, et cela grâce à un complice nouveau, Turgy, sur la fidélité duquel on pouvait compter; car, c'est une justice à rendre aux hommes de cette époque, si la fatalité s'acharna sans relâche sur Marie-Antoinette et les siens, aucun dévouement, quand il s'agit d'elle, ne manqua jamais à aucun appel.

CHAPITRE VIII

Le 13 août, à la porte du Temple. — Ruse employée par Turgy pour suivre la famille royale. — Services rendus. — Correspondance secrète — Relations faciles avec le dehors. — Le petit roi. — Enlèvement dans une corbeille.

Tandis que tant de grands noms, tant de personnages comblés des faveurs royales émigraient, ne songeant qu'à leur salut personnel, d'humbles serviteurs, pris au hasard dans la domesticité, donnaient les marques les plus grandes et les plus courageuses de dévouement à des maîtres, dont souvent ils étaient à peine connus.

Quelques-uns égalèrent Turgy dans ces circonstances; nul ne le dépassa.

Simple officier de bouche, il avait une première fois, à Versailles, pendant les journées d'octobre, sauvé la vie à la Reine, en lui ouvrant la porte secrète des petits appartements. Puis il était venu à Paris, où il avait continué modestement son service.

Il ne logeait pas aux Tuileries. Le 10 août, marchant au péril, il se présenta aux portes du palais, mais il lui fut impossible d'y pénétrer. Il s'en consola en apprenant que le Roi n'y était plus. Les deux jours suivants, il fit maintes tentatives pour entrer aux Feuillants, sans plus de succès. Apprenant que Louis XVI allait être transféré au Temple, il courut aussitôt chez M. Ménard de Chouzy, commissaire général de la maison du Roi, pour obtenir, ce qu'il considérait comme une faveur, le droit d'y reprendre son service.

M. Ménard de Chouzy envoya à la municipalité demander des cartes d'entrée, qu'on promit pour le lendemain 14.

Mais ces délais, ces retards ne faisaient point l'affaire de Turgy. Il prévit qu'une fois le Roi au Temple, on n'obtiendrait d'y être admis qu'après un examen et des formalités qui ne lui seraient pas favorables.

Il résolut de payer d'audace. Accompagné de ses camarades Chrétien et Marchand, comme lui officiers de bouche, ils se présentèrent à la grande porte.

Un des chefs du poste venait de laisser passer une personne, munie d'une carte, qu'il avait reconnue pour être du service du Roi. Turgy pria l'officier de lui permettre de parler à cette personne, en lui déclarant que, lui aussi, ainsi que ses camarades, étaient du service. L'officier hésita d'abord, puis répondit :

— Prenez mon bras ; que vos camarades prennent le vôtre et je vais vous introduire.

Ainsi font-ils, et de la sorte ils pénètrent dans le Temple et s'installent à la Bouche.

Toutes les difficultés semblent aplanies : il n'en est rien. Deux jours après, les commissaires de la Commune viennent et font l'inspection du personnel. Turgy est interrogé.

Il ne se trouble pas et répond bravement que les comités de l'Assemblée, sur les renseignements recueillis dans les sections, l'ont autorisé, lui et ses camarades, à venir reprendre leur service. Les commissaires n'en demandent pas davantage et se retirent.

Mais le lendemain, Chabot, député, Santerre, commandant général, et Billaud-Varennes, alors substitut du procureur général de la Commune, se présentent à leur tour pour prendre l'état nominatif de toutes les personnes restées auprès de la famille royale. Ils demandent à Turgy, à Chrétien et à Marchand s'ils ont appartenu au Roi. Turgy répond affirmativement.

— Qui donc a pu vous faire admettre ici ? s'écrie Chabot.

— Pétion et Manuel nous ont accordé cette permission, d'après les informations prises dans nos sections, déclare Turgy, imperturbable.

— En ce cas, dit Chabot, c'est que vous êtes de bons citoyens. Restez à votre poste et la Nation aura plus soin de vous que n'a fait le tyran...

Après leur départ, comme Turgy se félicitait du succès de sa double ruse, ses camarades lui dirent avec effroi :

— Vous voulez donc nous faire périr tous ? Vous répondez aux municipaux que nous sommes envoyés par l'Assemblée et aux députés que c'est par la Commune !... Nous voudrions être bien loin !...

Ils resteront cependant, et tous trois s'employèrent de leur mieux jusqu'au mois d'octobre 1793, où ils furent définitivement renvoyés du Temple[1].

A peine installé au Temple, Turgy chercha à se rendre utile aux prisonniers. Profitant habilement des instants où se relâchait la surveillance, il parvint à établir avec la Reine et Madame Élisabeth un système de signaux qui lui permit d'informer les prisonniers des événements de l'extérieur.

1. *Fragmens*, par Turgy, pp. 341-345.

Il fit mieux. Ingénieux à tirer parti de tout, il lui arriva souvent, dans un passage, dans un tournant d'escalier, de remplacer le bouchon de papier d'une carafe, par un billet écrit soit avec du jus de citron, soit avec un extrait de noix de galle. Malgré la surveillance de huit ou dix personnes, il ne se passa presque point de jour, pendant les quatorze mois qu'il se maintint au Temple, sans que la famille royale ne reçût de la sorte quelque billet [1].

La nécessité pour lui d'aller aux approvisionnements lui donnait les plus grandes facilités pour sortir, et, comme il avait soin d'accorder aux commissaires et aux gardiens tout ce qu'ils lui demandaient lorsqu'ils se présentaient à la Bouche, on le visitait rarement à l'entrée et à la sortie du Temple. Grâce à ces précautions habiles, il jouissait d'une véritable liberté.

Dès les premiers jours, il fut instruit par Madame Élisabeth de la conversion de Toulan, et, comme son service le rapprochait des captives quotidiennement, il fut mis aussitôt en rapport avec le municipal, obligé à plus de circonspection ; il eut avec lui de fréquents rendez-vous en différents lieux.

Le projet d'évasion ne pouvait lui être caché.

---

1. *Fragmens*, par Turgy, pp. 348-350.

Bientôt il fut appelé à y jouer un rôle. On le désigna pour faire sortir du Temple le petit roi, et cela de la façon la plus naturelle et la plus conforme à ses occupations habituelles, en l'emportant dans une corbeille recouverte de serviettes [1].

L'enfant royal, qui n'avait pas encore huit ans, était mince, chétif même, d'un poids léger, et sa taille ne mesurait guère plus d'un mètre, ainsi que le constatait une inscription laissée par Marie-Antoinette sur les murs de leur prison :

« 27 mars 1793...

« Trois pieds deux pouces ($1^m,026$). »

Turgy accepta cette mission avec joie.

---

1. *Fragmens*, p. 360. Dans l'ouvrage qu'il a laissé sur ces événements, Lepître ne parle pas de Turgy. Suivant son récit, le petit roi aussi bien que Madame Royale devaient passer pour les enfants du lampiste et partir tous deux avec Ricard. Turgy, dans les mémoires qu'il a laissés, affirme au contraire sa participation au complot en termes très clairs et très nets, et il a soin de déclarer pour ce passage de son récit qu'il l'écrit « d'après ses notes ». Cette affirmation a pour nous un caractère d'authenticité et de vérité que le silence de Lepître ne peut infirmer. Il ne faut point oublier en effet que Lepître, malgré le rôle qu'il aime à se donner dans ses *Souvenirs*, n'a jamais été qu'un comparse, et que la direction du complot est toujours restée entre les seules mains de Jarjayes et de Toulan. Ceux-ci n'ont dit à Lepître que ce qu'ils ont voulu. Il n'y avait aucune nécessité à ce qu'il sût comment sortirait le petit roi.

CHAPITRE IX

Surveillance de Tison et de sa femme à déjouer. — Tabac d'Espagne. — Narcotique. — Sortie du Temple. — La Reine et Lepître. — Madame Royale et Ricard. — Le petit roi et Turgy. — Madame Élisabeth et Toulan. — Rue de la Corderie. — Les trois cabriolets. — Fuite vers le Havre. — Amabert. — Chances de réussite.

Le quadruple départ des prisonniers du Temple ne pouvait s'effectuer qu'avec la complicité volontaire ou forcée de tous ceux à qui la Commune en avait confié la garde et la surveillance. Les municipaux, comme Toulan et Lepître, étant les instigateurs du complot, il ne restait à tromper que Tison et sa femme, à la vue desquels il faudrait soustraire aussi bien la sortie que les préparatifs de l'évasion. Comment fermer les yeux et boucher les oreilles à ces espions toujours aux aguets ?

Après de longues discussions, et bien que ce

moyen ne plût à personne, on se résolut, au nom de la nécessité supérieure, à donner à Tison et à sa femme un narcotique violent, qui les plongerait immédiatement dans un lourd sommeil. Toulan, qui connaissait leur goût pour le tabac d'Espagne, le leur prodiguait volontiers pendant son séjour au Temple. C'est lui qui, le jour convenu, mêlerait le narcotique au tabac qu'il leur offrirait.

Avec cette prise donnée vers six heures et demie, on avait une heure au moins et peut-être deux heures de sécurité. Dès qu'on les verrait endormis, commencerait la fuite...

Tout d'abord la Reine, accompagnée de Lepitre, sortait aussitôt, non sans avoir, par précaution charitable, laissé un billet pour servir à la justification du couple Tison. La nuit et le déguisement favorisaient leur départ. La garde du Temple n'était pas à craindre : il suffisait de montrer sa carte pour que les sentinelles ne se dérangeassent point et, d'ailleurs, la vue de l'écharpe ôtait tout soupçon.

Quelques minutes après sept heures, quand le poste était relevé, Ricard, ainsi qu'il était convenu, se présentait, muni d'une carte semblable à celle des ouvriers employés au Temple, et sa boîte de fer-blanc au bras. Il recevait Madame Royale, déguisée, et s'éloignait avec elle.

Turgy partait, emportant la corbeille qui renfermait le petit prince ; enfin, Toulan, resté le dernier, quittait la Tour avec Madame Élisabeth, cachée sous un costume de municipal.

Tous, après avoir franchi les portes de l'enceinte extérieure et atteint la rue du Temple, tournaient à gauche, dans la rue de la Corderie où M. de Jarjayes les attendait[1].

Ici commençait la seconde partie du projet : le départ de Paris après la sortie du Temple.

Il ne fallait pas songer à rester dans Paris. Il importait de quitter au plus vite cette ville et d'échapper aux périls qu'un séjour, si court qu'il fût, ne manquerait pas d'y faire naître. Après avoir mûrement examiné les diverses directions à prendre, on avait renoncé à s'enfuir du côté des frontières de l'Est, à cause de la distance et des armées qui y guerroyaient ; du côté de la Vendée, à cause de l'éloignement. On s'était rabattu sur la côte normande, plus facile à atteindre, et d'où une embarcation quelconque pouvait facilement transporter les fugitifs en Angleterre.

Les relais nécessaires étaient préparés jusqu'à la mer. Là, Jarjayes avait sur un point de la côte, près du Havre, un château que son ami intime,

---

1. La rue de la Co... n'existe plus sous ce nom : elle s'appelle aujourd'hui rue de Bretagne.

Amabert, premier commis des finances, tenait à sa disposition.

Se diviserait-on dans la fuite, ou bien voyagerait-on tous ensemble? La question fut longuement discutée.

Lepître était pour le dernier parti. Il conseillait le choix d'une grande berline de six places, qui emmènerait la famille royale, Jarjayes et lui, tandis que Toulan, à cheval, les précéderait et parcourrait devant eux la route à franc étrier.

Il faisait valoir en faveur de son opinion l'avantage d'être tous réunis, et une berline n'exciterait pas plus l'attention que plusieurs cabriolets; au moins, on ne se quitterait point. Dans le cas contraire, un accident arrivé à l'un d'entre eux risquait d'amener la perte des autres.

Ces raisons ne manquaient assurément ni de logique ni de force. Cependant la Reine ne voulut pas entendre parler de la berline : le souvenir de Varennes était trop présent à son esprit. Bien que les circonstances fussent autres, rien ne prévalut contre son idée, et l'on se décida pour trois cabriolets, que Jarjayes amènerait dans la rue de la Corderie. Le premier emporterait la Reine, son fils et le chevalier; le second Marie-Thérèse et Lepître, le troisième Madame Élisabeth et Toulan. Ricard et Turgy restaient à Paris.

7.

La mise à exécution de ce projet fut fixé aux premiers jours de mars, époque à laquelle Toulan et Lepitre seraient tous deux de service au Temple...

Assurément un tel plan présentait des difficultés énormes, mais non point insurmontables.

Quelques écrivains, peu au courant du complot, l'ont qualifié de chimérique et de fou. Cette appréciation ne peut provenir que de la connaissance très imparfaite, pour ne pas dire de l'ignorance, qu'ils avaient des moyens d'exécution. Il suffit de les lire pour s'en assurer.

Sans doute un projet d'évasion contient toujours une grande part d'inconnu. Il peut se heurter aux hasards, aux mille événements qui traversent l'existence et parfois la bouleversent contre toute attente, sans qu'il soit humainement possible de les prévoir et de les déjouer. Mais en dehors de cette part d'aléa, inhérente aux complots de cette nature, le plan de Toulan et de Jarjayes possédait les chances les plus sérieuses de réussite, pour peu que les prisonniers et leurs complices eussent un bonheur égal à leur audace.

D'abord le moment était favorable. La curiosité publique et les passions populaires, occupées et satisfaites par le procès et la mort du Roi, se détournaient du Temple, qui ne renfermait plus à cette heure que des femmes et des enfants. Les captifs bénéficiaient même d'une certaine pitié, ainsi qu'on l'avait pu voir lorsque s'était répandue la nouvelle, d'ailleurs bientôt reconnue fausse, de la mort de Marie-Thérèse, après l'exécution de son père [1].

Quant aux pouvoirs publics, leur attention était violemment sollicitée ailleurs. La Convention, déjà travaillée par ses dissensions intérieures, préludait à la lutte des Girondins et des Montagnards, et ne dérobait à ces querelles des partis en présence que le temps nécessaire pour s'occuper des armées lancées sur les frontières et qui avaient besoin d'être secourues en hommes, en vivres et en argent. La Commune avait à pourvoir à l'alimentation de Paris, et cette tâche, sans cesse entravée par les émeutes et les rébellions, prenait, avec raison, la première place dans l'esprit de ses élus.

En outre de ces circonstances extérieures propices, il faut constater qu'à l'intérieur du Temple le grand nombre de gens qui y étaient employés rendait relativement aisées les allées et les venues. Turgy, on l'a vu, est très affirmatif sur ce point. Dans l'interrogatoire de Marie-Thérèse, on

---

1. *Journal de Perlet.*

rappelle que Toulan venait très souvent au Temple, même quand il n'était pas de service. C'est ainsi d'ailleurs que les prisonniers purent échanger avec Jarjayes tant de billets. Il y avait entre l'intérieur du Temple et le dehors un va-et-vient constant, à la faveur duquel les fugitifs pouvaient fort bien passer inaperçus.

Il ne faut point oublier qu'à ce moment ni Toulan ni Lepître n'avaient été dénoncés, et qu'ils n'étaient pas même soupçonnés de connivence avec la famille royale. Pour donner une preuve de l'habileté et du succès avec lesquels ils avaient su, jusqu'à ce jour, jouer leur rôle, il suffira de rappeler que Michonis, leur collègue au Conseil de la Commune, commissaire au Temple comme eux, celui-là même qui secrètement se dévouait déjà à la Reine captive, et qui devait par deux fois renouveler les efforts de Toulan, Michonis se défiait de son collègue, comme d'un républicain farouche, et ce ne fut que quelques mois plus tard qu'il apprit la vérité.

Qui donc, en voyant passer, protégés par l'ombre de la nuit, des officiers municipaux, munis de leur écharpe, accompagnés des patriotes Toulan et Lepître, eût conçu des soupçons? A moins de supposer un accès et un excès de zèle invraisemblable de la part des sentinelles ou des guichetiers, la possibilité de sortir du Temple était certaine.

Qu'on se rappelle d'ailleurs une autre évasion autrement difficile, celle de la famille royale, s'échappant des Tuileries le 20 juin 1791. Pendant une nuit d'été, la plus courte de l'année entière, alors que le soleil, qui se couche après huit heures du soir, se lève avant quatre heures du matin, Louis XVI, Marie-Antoinette, les enfants royaux, Madame Élisabeth, madame de Tourzel et quelques amis dévoués trouvèrent moyen de déjouer la surveillance des gardes nationaux qui emplissaient le palais, surveillance plus étroite et plus active que celle des gardiens du Temple, les commissaires étant complices. On sait, en effet, qu'aux Tuileries, de 1789 à 1792, aussitôt la nuit venue, le Roi, la Reine, Madame Élisabeth étaient enfermés dans leurs appartements; les gardes mettaient un matelas en travers des portes, et les princes ne pouvaient sortir qu'en passant sur le corps de ces étranges défenseurs devenus des geôliers [1].

Ce n'était pas tout. Une fois sortis des Tuileries, il leur fallait s'enfuir par groupes séparés à travers un quartier où chacun les connaissait

---

1. *Louis XVII*, par A. DE BEAUCHESNE, t. I, pp. 87-88.

et pouvait les reconnaître ; leur nombre était de nature à éveiller l'attention partout, et le palais, à cette époque, était étroitement surveillé, car le bruit du départ du Roi s'était répandu déjà à maintes reprises, et le peuple tenait à son prisonnier. De plus, ils devaient se réunir tous en plein cœur de Paris, franchir les barrières, et continuer leur fuite dans une berline qui, par sa forme, sa masse imposante, et les voyageurs qu'elle contenait, attirait les regards et risquait, à coup sûr, d'exciter les soupçons même des plus indifférents.

Malgré tant d'obstacles, cette fuite avait réussi Malgré les obstacles, et malgré les maladresses, pourrait-on dire, car jamais on n'en accumula si grand nombre en si peu de temps. Ce ne fut ni sur un ordre, ni même sur un avertissement venu de Paris que l'arrestation du Roi eut lieu à Varennes... La sortie du Temple, avec l'aide de Toulan et de Lepître, se présentait dans des conditions beaucoup moins défavorables. S'il fallait une dernière preuve, qu'on se rappelle avec quelle facilité, dans les premiers jours du mois de février, M. de Jarjayes était librement entré au Temple, et librement en était sorti.

La fuite, hors de la prison, jusqu'à la mer, offrait moins de chances mauvaises encore. L'électricité, ni la vapeur n'étaient alors employées, et le seul moyen de rattraper des fugitifs consistait à leur courir après, ce qui, pour peu que les fugitifs eussent une certaine avance, devenait d'un succès fort problématique. Or, c'était ici le cas. Les précautions étaient bien prises, et ce même Lepître, dans les *Souvenirs* qu'il a laissés sur une partie de ces événements, les énumère complaisamment. Le morceau mérite d'être cité en entier :

« Nos dispositions étaient telles qu'on ne pouvait se mettre à notre poursuite que cinq heures après notre départ. Nous avions tout calculé. D'abord on ne montait à la tour qu'à neuf heures du soir pour mettre le couvert et servir le souper. La Reine eût demandé qu'on ne servît qu'à neuf heures et demie. Frapper à plusieurs reprises, s'étonner de ne pas voir la porte s'ouvrir; interroger la sentinelle qui, relevée à neuf heures, ignorait ce qui s'était passé; descendre à la salle du conseil, faire part aux deux autres membres de la surprise qu'on éprouve; remonter avec eux, frapper de nouveau, appeler les sentinelles précédentes, ne recueillir que des notions vagues; envoyer chercher un serrurier pour ouvrir les portes dont nous eussions laissé les clefs en dedans; ne réussir qu'avec beaucoup de temps et de peines, l'une de ces portes étant de bois de chêne et couverte de gros clous, la seconde de fer, et toutes deux ayant des serrures telles qu'il fallait les jeter en dedans ou faire au gros mur une entaille considérable; visiter les appartements des tourelles; secouer violemment Tison et sa femme sans réussir à les éveiller; redescendre à la salle du conseil, dresser un procès-verbal, le porter au conseil de la Commune, qui, s'il n'eût pas été séparé, aurait perdu encore du temps en discussions inutiles; envoyer à la police et chez le maire, etc... Tout ce retard nous donnait les moyens de hâter notre fuite. Nos passeports bien en règle, puisqu'alors président du comité je les eusse arrangés moi-même, ne nous laissaient aucune inquiétude pour la route, tant que nous conserverions la supériorité de notre marche. »

CHAPITRE X

Tergiversations de Lepitre. — Ses craintes. — Prétextes invoqués pour retarder l'exécution du projet. — Le temps presse. — Efforts de la Reine pour vaincre sa pusillanimité. — Le 1er mars 1793. — « *La Piété Filiale.* » — Les cheveux de la Reine, du petit roi, de Marie-Thérèse. — « *Poco ama ch' il morir teme.* » — « *Tutto per loro.* » — Bonnet tricoté par Madame Élisabeth. — Complications extérieures.

Comment un plan si longuement, si mûrement, si sagement combiné ne réussit-il point? Pourquoi, après tant de préparatifs, dût-on en ajourner indéfiniment l'exécution, et finalement y renoncer?

C'est ici qu'il faut faire intervenir la pusillanimité de Lepitre.

Tout au rebours de Toulan, de Jarjayes, de Ricard et de Turgy, le malheureux professeur, séduit un instant par la grandeur du projet, gagné ensuite par l'appât d'une grosse récompense, n'était point d'une trempe à braver les périls d'une telle aventure.

Tant que l'on s'était borné à comploter, à former des plans, à tenir des conciliabules secrets, à discuter des projets, il s'était mêlé avec joie à la conspiration, et son imagination, toujours vive et hardie, lui traçait un tableau magnifique des péripéties, des incidents d'une action qui lui rappelait ses études classiques. Par malheur, il ne boitait pas que de la jambe : son cœur, mal en point, suivait de moins en moins son imagination.

Dès qu'il fallut agir, tout en lui changea. Une prudence excessive, exagérée, bien proche de la peur, l'avait pris aux entrailles. Tremblant, indécis, honteux de sa faiblesse, il hésitait, il tergiversait ; jamais l'instant ne lui paraissait suffisamment propice...

C'étaient chaque jour, de sa part, de nouvelles défaites, des atermoiements motivés par les prétextes les plus futiles. Au besoin il en inventait. Ainsi, il avait promis des passeports aux fugitifs ; rien n'était plus aisé pour lui que de tenir sa promesse ; il traîna la chose en longueur, invoquant les périls du moment, l'émeute qui, amenant le pillage du sucre et du café chez les marchands de la capitale, faisait, affirmait-il, suspendre la délivrance des passeports et fermer les portes de la ville (25-28 février 1793). Il oubliait — volontairement — que la loi du 5 septembre et plusieurs autres défendaient, sous peine de mort, de fermer les barrières sans un ordre de la Convention; et, en effet, malgré les cris et les menaces des agitateurs, le Conseil général de la Commune arrêta que, jusqu'à ce que la Convention eût déclaré ses intentions à cet égard, les barrières resteraient ouvertes. Les barrières continuèrent à demeurer libres; quant aux passeports, le Conseil déclara qu'il invitait simplement sa commission à ne les délivrer qu'avec la plus grande circonspection[1], — ce qui ne pouvait guère gêner Lepitre, alors président de la commission...

Bref, il semblait incapable de coopérer à l'audacieuse tentative à laquelle il s'était associé dans un élan irréfléchi d'enthousiasme. Lui-même en fait l'aveu dans la première édition de ses *Souvenirs*, publiée en 1814 sans nom d'auteur[2]. Toujours recherché et classique dans l'expression de ses sentiments, il parle ainsi de lui-même et de sa faiblesse : «... Je l'avoue, je ne songeais qu'avec effroi au moment où l'on confierait à

---

1. *Mémoires historiques sur Louis XVII*, par ECKARD, pp. 125-127.
2. P. 41.

mes soins le dépôt sacré dont je devais répondre. J'aurais presque dit, comme Énée lorsqu'il s'éloigne de Troie :

> Et moi qui tant de fois avais vu sans terreur
> Et les bataillons grecs et le glaive homicide,
> Une ombre m'épouvante, un souffle m'intimide ;
> Je n'ose respirer, je tremble au moindre bruit
> Et pour ce que je porte, et pour ce qui me suit ![1] »

Il est vrai que plus tard, présenté à la duchesse d'Angoulême, il sut adroitement lui rappeler le temps de la captivité et faire valoir les services qu'il avait failli rendre à la famille royale ; nommé chevalier de l'ordre royal de la Légion d'honneur, il songea aussitôt à se créer des états de service. De là, une seconde édition de ses *Souvenirs*, en 1817. Il y biffa ses imprudents aveux, et tourna à sa gloire tous les incidents de cet épisode. Mais la première édition subsiste et l'histoire en fait son profit.

Marie-Antoinette comprenait combien les retards apportés par les tergiversations de ce complice compromettaient leur projet. A mesure que le temps s'écoulait les chances de succès diminuaient. Plus on tardait, plus on risquait d'être découvert. La Reine chercha par tous les moyens

---

1. VIRGILE, *l'Énéide*. Traduction de l'abbé Delille.

possibles à rendre à cet homme « épouvanté par une ombre, intimidé par un souffle », un peu de ce courage qu'elle voyait si grand, si impatient chez Toulan, chez Jarjayes, chez Ricard et chez Turgy. Elle l'attaqua dans sa vanité, elle s'efforça de le prendre par le cœur.

Elle se souvenait de la romance apportée à son fils, dans les premiers jours de février, par le professeur. Mᵐᵉ Cléry avait adapté aux paroles une musique facile; le petit roi l'apprit, et le 1ᵉʳ mars le commissaire assista à cet émouvant spectacle : « la fille de Louis XVI à son clavecin, son auguste mère, assise auprès d'elle, tenant son fils dans ses bras, et les yeux mouillés de pleurs, dirigeant avec peine la voix de ses enfants, Madame Élisabeth debout à côté de sa sœur et mêlant ses soupirs aux tristes accents de son neveu :

LA PIÉTÉ FILIALE

> Eh quoi! tu pleures, ô ma mère!
> Dans tes regards fixés sur moi
> Se peignent l'amour et l'effroi :
> J'y vois ton âme tout entière.
> Des maux que ton fils a soufferts
> Pourquoi te retracer l'image?
> Lorsque ma mère les partage,
> Puis-je me plaindre de mes fers?

Des fers! O Louis, ton courage
Les ennoblit en les portant.
Ton fils n'a plus, en cet instant,
Que les vertus pour héritage.
Trône, palais, pouvoirs, grandeur,
Tout a fui pour moi sur la terre,
Mais je suis auprès de ma mère,
Je connais encor le bonheur!

Un jour peut-être... (l'espérance
Doit être permise au malheur),
Un jour, en faisant son bonheur,
Je me vengerai de la France.
Un Dieu favorable à son fils
Bientôt calmera la tempête;
L'orage qui courbe leur tête
Ne détruira jamais les lis.

Hélas! si du poids de nos chaînes
Le ciel daigne nous affranchir,
Nos cœurs doubleront leur plaisir
Par le souvenir de nos peines.
Ton fils, plus heureux qu'aujourd'hui,
Saura, dissipant les alarmes,
Effacer la trace des larmes
Qu'en ces lieux tu versas pour lui!

A MADAME ÉLISABETH

Et toi, dont les soins, la tendresse
Ont adouci tant de malheurs,
Ta récompense est dans les cœurs
Que tu formas à la sagesse.

Ah ! souviens-toi des derniers vœux
Qu'en mourant exprima ton frère :
Reste toujours près de ma mère,
Et ses enfants en auront deux ! [1]

Ce n'est pas tout.

A cette flatterie indirecte, destinée à chatouiller l'amour-propre d'un auteur, la Reine prodigue d'autres encouragements, plus propres à toucher le cœur d'un Français. Elle donne à Lepître des cheveux de Louis XVI, de ses enfants, de Madame Élisabeth ; elle lui donne de ses propres cheveux, et elle y joint cette devise italienne : « *Poco ama ch' il morir teme* [2]. »

Peine perdue. Le professeur est flatté ; mais son courage ne se réveille point. Et à ce propos quelle différence entre les caractères de Toulan et de Lepître ! Celui-ci rapportant tout à lui, celui-là rapportant tout aux autres.

Toulan, en effet, a reçu un présent semblable. Il fait mettre ces cheveux en gerbes, sur une boîte, une de ces gerbes étant renversée et les quatre autres debout, allusion aux personnes royales, dont quatre vivent encore, et seront sauvées par lui. Puis il inscrit au-dessous ces mots énergiques, où se peint son âme entière : « *Tutto per*

---

1. *Quelques Souvenirs*, pp. 42-43.
2. C'est aimer peu que craindre de mourir.

loro[1]. » Lepitre, au contraire, achète une bague dans laquelle les cheveux sont placés séparément : d'un côté il fait graver la devise, trop justifiée par sa conduite, que lui a donnée la Reine ; de l'autre, cette inscription : « *Les cheveux renfermés dans cette bague ont été donnés le 7 mars 1793, à J.-Fr. Lep., par l'ép., les enf. et la s. de L. de B., roi de France.* »

Et pour unir la prudence à la vanité, et les satisfaire toutes deux, il a soin qu'une plaque d'or, qui s'enlève à volonté, recouvre la gravure[2].

Madame Élisabeth se joint à sa sœur : de ses propres mains elle tricote un bonnet, dont elle lui fait don ; aucun de ces témoignages flatteurs et précieux ne peut vaincre ses craintes, et le jour vient où ces retards ont à peu près complètement ruiné les chances du projet d'évasion, et où les prétextes, invoqués faussement d'abord par sa pusillanimité, deviennent trop réels et trop vrais !...

La stupeur universelle causée par la mort de Louis XVI s'est peu à peu dissipée. L'Europe monarchique s'est remise de ce coup ; la France révolutionnaire a joui de son triomphe.

---

1. *Tout pour eux.*
2. *Quelques Souvenirs*, p. 11.

La lutte a recommencé entre ces deux forces ennemies. Dès les premiers jours de mars, les armées étrangères remportent des succès signalés. On apprend à Paris l'évacuation d'Aix-la-Chapelle, la levée du siège de Maëstricht; Dumouriez trahit et se rend au prince de Cobourg; la Vendée se soulève.

A ces nouvelles déplorables s'ajoutent les maux de l'intérieur. La misère croît dans Paris, la misère et la disette. Tous les jours, ce sont des soulèvements, des émeutes. Le peuple crève de faim. La souffrance le rend féroce. Il crie de nouveau : « A bas les traîtres! A mort l'Autrichienne! »

C'est le cri de toutes ses douleurs. Le danger redevient menaçant pour les prisonniers du Temple.

Aussitôt on redouble de précautions. L'attention se reporte vers les captifs, ces otages de la Révolution. D'instinct, le peuple croit qu'on cherche à les lui enlever. La défiance est éveillée. On surveille avec plus de soin que jamais les prisonniers, surtout le petit prince que la Vendée, les émigrés et les souverains étrangers viennent de proclamer roi de France, sous le nom de Louis XVII.

Tenter le projet ancien, risquer cette aventure,

c'est aujourd'hui folie. Les chances sont nulles, l'échec certain. Lepître a tout perdu...

Jarjayes et Toulan le reconnaissent en frémissant...

CHAPITRE XI

Nouveau projet de Toulan et Jarjayes. — La Reine seule peut s'évader. — Sur les instances de Madame Élisabeth, elle consent. — Le sommeil du petit roi. — Elle refuse. — Billet à Jarjayes.

Devant cette impossibilité de mettre à exécution le plan si longtemps caressé dans leur esprit, d'autres hommes que Toulan et Jarjayes eussent peut-être renoncé à sauver la famille royale, se contentant d'avoir accompli leur devoir jusqu'aux plus extrêmes limites. Mais ces deux héros n'étaient point de ces caractères mous et faibles que les revers découragent et que les obstacles arrêtent.

Aussi intrépides que généreux, ils ne croient pas que le dévouement ait le droit de rester stérile. Le premier projet est devenu impossible; soit, ils l'abandonneront, mais à la condition d'en former un autre aussitôt...

Le premier point pour la réussite de ce second projet était d'éliminer celui qui avait été la pierre d'achoppement de la tentative précédente. Lepître mis de côté, par qui le remplacer? Le temps pressait; comment entamer de nouvelles négociations avec un autre commissaire? C'étaient de graves difficultés, et des retards qui, en s'accumulant, ruinaient plus sûrement encore le peu de chance de succès qui restât...

Privés de la complicité de Lepître, comment se procurer des passeports? Il n'y fallait point songer; mais d'autre part, en admettant qu'on pût sortir du Temple, les fugitifs seraient bientôt arrêtés, car il était de toute invraisemblance de supposer qu'une troupe aussi nombreuse passât inaperçue.

Ce qu'on ne pouvait tenter pour quatre personnes, était-il impossible pour une seule? A la rigueur, non. Les prisonniers restants en masquaient et en assuraient la fuite.

C'est à cette conclusion que s'arrêtèrent Toulan et Jarjayes, s'inclinant devant la nécessité.

Qui sauvera-t-on? La personne est désignée d'avance : c'est la Reine. Seule elle semble menacée à cette heure, seule enfin elle possède assez d'énergie et de sang-froid pour seconder l'audace des deux conspirateurs...

Ceux-ci s'ouvrent de leur projet, un peu à elle, beaucoup à Madame Élisabeth. Ils sentent bien qu'ils auront besoin de son aide pour décider Marie-Antoinette à fuir seule, pour amener cette mère à se séparer de ses enfants...

Aux premiers mots, la résistance qu'ils craignaient de rencontrer chez elle se montra vive et opiniâtre. Sans Madame Élisabeth, ils n'en auraient assurément point triomphé, mais celle-ci, avec cette éloquence du cœur, avec cette persuasion si douce, avec cette autorité que lui avaient conquise ses vertus et son angélique résignation, revint à la charge avec tant de persistance! Elle montra à sa sœur que seule la Reine courait des dangers, que les cris répétés contre « l'Autrichienne » lui faisaient un devoir de songer à son salut. Au nom même de ses enfants, et dans l'intérêt de ces êtres si chers, déjà privés de leur père, elle se devait de ne rien négliger pour échapper à la haine des forcenés qui demandaient sa tête. Le petit roi, la princesse royale, ne trouveraient-elles pas dans leur tante une seconde mère, jusqu'à ce que Dieu, dans sa bonté, les réunisse tous de nouveau, mais hors de la prison, cette fois, sur une terre moins inhospitalière et moins cruelle...

Puis la princesse ajouta qu'elle n'avait vraiment point le droit de repousser les offres de Jarjayes et de Toulan, ni de rendre stérile tant de dévouement... Bref, elle parvint à lui arracher son consentement, et un jour fut désigné pour cette périlleuse tentative.

La fille de Marie-Antoinette, qui aimait peu à revenir sur ces souvenirs, si pénibles et si douloureux, a conservé à l'histoire le récit de ce qui se passa ensuite, et dont elle était l'unique témoin survivant. Elle l'a confié à M. de Beauchesne, qui, dans son remarquable ouvrage intitulé *la Vie de Madame Élisabeth*, le rapporte en ces termes[1] :

« Le jour fut pris, le jour arriva... La veille au soir, la mère et la tante étaient assises au chevet du lit du jeune prince endormi. Sa sœur était couchée aussi, mais la porte de sa chambre était ouverte, et Marie-Thérèse, occupée de l'air rêveur et triste qu'elle avait vu à sa mère toute la journée, n'avait point encore rencontré le sommeil. Elle entendit ainsi les paroles que plus tard elle a répétées. Cédant au sacrifice qu'on lui avait demandé, Marie-Antoinette était donc assise auprès du lit de son fils :

« — Dieu veuille, dit-elle, que cet enfant soit heureux !

---

1. Pp. 114 et suiv.

« — Il le sera, ma sœur, répondit Madame Élisabeth en montrant à la Reine la figure douce et fière du Dauphin.

« — Toute jeunesse est courte comme toute joie, murmura Marie-Antoinette avec un serrement de cœur; on en finit avec le bonheur comme avec toute chose!

« Puis, se levant, elle fit quelques pas dans sa chambre, en disant :

« — Et vous-même, ma bonne sœur, quand et comment vous reverrai-je?... C'est impossible! C'est impossible!...

« La jeune Marie-Thérèse avait recueilli ses paroles, mais ce n'est que quelque temps après que le sens lui en fut expliqué par sa tante. Cette exclamation de la Reine n'était autre chose que le rejet du moyen de salut qui lui était offert. Son parti était pris : l'amour de ses enfants l'emportait sur toute autre considération, sur les prières de sa sœur, sur l'instinct de sa propre conservation, sur la parole même donnée au dévouement de ses courageux amis. Toutefois, se reprochant presque comme un parjure une promesse qu'elle ne voulait plus tenir, elle sentit qu'elle devait des explications et une amende honorable à ces âmes généreuses, résolues à s'exposer pour elle; et le lendemain, aussitôt qu'elle put parler à Toulan, qui arrivait tout ému de la grande action qu'il allait accomplir ;

« — Vous allez m'en vouloir, lui dit-elle, mais j'ai réfléchi, il n'y a ici que danger : vaut mieux mort que remords..

« Dans le cours de la journée, elle trouva encore le moyen de glisser dans l'oreille de Toulan ces paroles :

« — Je mourrai malheureuse si je n'ai pu vous prouver ma gratitude.

« — Et moi, Madame, malheureux si je n'ai pu vous montrer mon dévouement... »

Restait à prévenir Jarjayes. La Reine lui fit passer un billet par Toulan. Voici en quels termes d'une simplicité touchante et d'un courage admirable elle annonçait au chevalier son irrévocable résolution :

« *Nous avons fait un beau rêve, voilà tout ; mais nous y avons beaucoup gagné en trouvant encore dans cette occasion une nouvelle preuve de votre entier dévouement pour moi. Ma confiance en vous est sans bornes, vous trouverez dans toutes les occasions en moi du caractère et du courage, mais l'intérêt de mon fils est le seul qui me guide, et quelque bonheur que j'eusse éprouvé à être hors d'ici, je ne peux pas consentir à me séparer de lui. Au reste, je reconnais bien votre attachement à tout ce que vous m'avez écrit. Comptez que je sens la bonté de vos raisons pour mon propre intérêt, et que cette occasion peut ne plus se rencontrer, mais je ne pourrais jouir de rien en laissant mes enfants, et cette idée ne me laisse pas de regret*[1]. »

Le sacrifice était consommé. La Reine ne pouvait à ce moment prévoir que dans la suite d'autres tentatives seraient ébauchées pour sa délivrance; il est donc permis de dire qu'en refusant de suivre le chevalier de Jarjayes et Toulan, elle perdait volontairement une suprême chance de salut.

Elle se montra là vraiment forte, vraiment grande. Au dévouement de ses amis, elle répondit en se dévouant aussi. La mort pouvait venir la prendre; la mort, non la fuite, la séparerait de ses enfants.

La politique et les passions doivent ici se taire devant sa grandeur d'âme. Il serait puéril de la nier, injuste de la méconnaître.

---

1. L'original de ce billet a été donné, en 1873, à Monsieur le comte de Chambord. J'ignore entre quelles mains il se trouve aujourd'hui.

TROISIÈME PARTIE

L'ANNEAU ET LE CACHET DE LOUIS XVI

CHAPITRE PREMIER

L'anneau et le cachet du Roi. — Procès-verbal de la Commune. — Séquestre de Cléry. — Rapt audacieux accompli par Toulan.

Le refus de la Reine rendait inutile et sans objet la présence du chevalier de Jarjayes à Paris. Elle ne cessait point pour cela d'être périlleuse, car le souvenir des postes de confiance qu'il avait occupés, aussi bien que des missions dont il avait été chargé, notamment avec Barnave à cette heure en prison, n'était point perdu, et il suffisait d'un hasard pour qu'il fût dénoncé. Marie-Antoinette résolut de l'éloigner de Paris pendant qu'il en était temps encore, et elle songea à profiter de son départ pour lui demander un dernier service, et lui confier une mission qui lui tenait fort au cœur.

Il s'agissait d'emporter hors de France et de

mettre en mains sûres les quelques objets qui avaient appartenu au Roi, et qu'elle considérait à la fois comme des souvenirs et comme des reliques.

La manière dont ces objets, après tant de péripéties, étaient venus entre ses mains, montre une fois de plus ce que peut l'audace dans les situations les plus dangereuses et les plus difficiles.

Louis XVI, lors de sa condamnation et alors que tout sursis à l'exécution lui avait été refusé, Louis XVI avait eu, le 20 janvier, une entrevue avec sa famille; puis il avait promis de revoir sa femme et ses enfants le lendemain 21, quelques heures avant le supplice.

Cette seconde entrevue n'avait pas eu lieu. Désireux d'épargner aux siens les affreux déchirements d'un nouvel adieu, il était parti pour l'échafaud sans les revoir. Mais il avait chargé Cléry de remettre à la Reine quelques objets, précieux pour lui à divers titres, et dont la mort seule pouvait le forcer à se séparer.

C'étaient son anneau de mariage, son cachet et un petit paquet renfermant des cheveux de la Reine, de Madame Élisabeth, de Marie-Thérèse et du Dauphin.

Cléry, spécialement attaché au service du feu

Roi, n'était pas en rapports avec les autres prisonniers du Temple; il ne put donc accomplir directement la mission dont il avait été chargé et il dut en référer à la Commune.

Le Conseil général de la Commune, toujours soupçonneux et tyrannique, se refusa à laisser exécuter la dernière volonté du Roi, et il arrêta les objets au passage, ainsi qu'il résulte de la délibération qu'il prit à cet égard, délibération inscrite sur les registres du Conseil du Temple, le 21 janvier 1793, et dont voici l'extrait :

CONSEIL GÉNÉRAL DE LA COMMUNE DU 21 JANVIER.

Est comparu le citoyen Cléry, valet de chambre de Louis Capet, et a demandé à faire sa déclaration des objets qui lui ont été confiés ce matin par Louis Capet, en présence de plusieurs commissaires qui nous l'ont attesté; lesquels objets sont un anneau d'or, en dedans duquel sont écrites ces lettres : M. A. A. A. *19 aprilis* 1770[1], et lequel anneau il l'a chargé de remettre à son épouse, en lui disant *qu'il s'en séparait avec peine.* De plus, un cachet de montre en argent et s'ouvrant en trois parties, sur l'une desquelles est gravé l'écusson de France, sur l'autre L.L., et sur la troisième, une tête d'enfant casquée; lequel cachet il l'a chargé de remettre à son fils, et enfin, un petit papier sur lequel est écrit de la main de Louis Capet : *Cheveux de ma femme, de ma sœur et de mes enfans*, et renfermant

[1]. *Marie-Antoinette, archiduchesse d'Autriche*, 19 avril 1770, jour de la présentation de l'anneau et du mariage de Louis XVI avec cette princesse, à Vienne.

en effet quatre petits paquets de cheveux, qu'il a chargé Cléry de remettre à sa femme, et de lui dire qu'il lui demande pardon de ne l'avoir pas fait descendre ce matin, voulant lui éviter la douleur d'une séparation si cruelle.

Le Conseil, délibérant sur la demande du citoyen Cléry, l'a laissé dépositaire de ces objets, jusqu'à ce qu'il en ait été autrement décidé par le Conseil général de la Commune, auquel il en sera référé[1].

Cléry resta au Temple encore plus d'un mois, et garda ces objets d'autant plus fidèlement que la Commune le séquestra pour ainsi dire, et ne le laissa communiquer avec personne. A sa sortie le 1er mars[2], les commissaires exigèrent qu'il les leur représentât. Ils les mirent sous les scellés avec plusieurs autres effets qui avaient été à l'usage du Roi[3].

Ils les déposèrent dans la salle qui leur servait de lieu de réunion, au rez-de-chaussée du Temple. Toulan les vit et en parla à la Reine.

A ce moment, le complot formé pour la délivrance des prisonniers était fort avancé, et, grâce aux mesures prises, aux préparatifs accomplis, grâce aussi à la situation politique, le succès en était probable, sinon assuré. La Reine ne put

---

1. *Journal de Perlet*, t. II, pp. 437-438.
2. Séance du 28 février : Commune de Paris. Le Conseil général arrête que le citoyen Cléry sortira du Temple dans les vingt-quatre heures. (A. DE BEAUCHESNE.)
3. ECKARD, p. 153.

supporter la pensée de s'enfuir en laissant aux mains de la Commune ces objets qu'elle regardait à la fois comme des attributs royaux et des souvenirs personnels. Elle s'en ouvrit à Toulan et lui exprima le désir qu'elle avait de recouvrer des objets qui lui avaient été pour ainsi dire dérobés, et qui lui appartenaient légitimement à tant de titres.

Toujours simplement héroïque, et pour obéir aux moindres volontés de Marie-Antoinette, Toulan trompa la surveillance de ses collègues, brisa les scellés, défit le paquet où se trouvaient l'anneau, le cachet et les cheveux, les en retira et les porta à la Reine.

Il risquait sa vie. Nul doute que la Commune eût sévèrement puni le crime de l'audacieux qui la bravait ainsi dans son autorité. S'il eût été découvert, c'était l'échafaud.

Le péril fut grand, car dès qu'ils s'aperçurent du larcin, les municipaux s'inquiétèrent vivement de la disparition des souvenirs royaux. Mais Toulan avait agi avec une habileté complète : ils ne soupçonnèrent point le coupable. Puis l'émotion s'apaisa; le cachet aux armes de France étant garni d'or, les commissaires s'arrêtèrent à cette supposition que le coup avait été fait par un voleur. Il venait journellement au Temple tant de gens, et de tant d'espèces¹! Réduit à ces proportions, l'acte commis cessait d'être un attentat à la sûreté de l'État, et perdait à leurs yeux toute sa gravité. Le silence se fit autour de cet incident et l'affaire n'eut point d'autres suites².

1. *Récit des événements arrivés au Temple*, p. 33.
2. M. Léon LECESTRE, dans son remarquable article sur les *Tentatives d'évasion de la reine Marie-Antoinette*, publié en avril 1886, dans la *Revue des Questions historiques*, place l'action de Toulan au lendemain de la mort du Roi. Les pièces et les autorités que j'ai citées contredisent cette opinion, et ne laissent aucun doute sur la date que j'ai indiquée. — MM. Ed. et J. DE GONCOURT, dans leur *Histoire de Marie-Antoinette* (p. 413, édit. de 1884), disent que Toulan « avait brisé les scellés, substitué des objets à peu près pareils, reposé les scellés ». Ils n'invoquent à l'appui de cette affirmation aucune autorité. Or le récit de Madame Royale sur ces événements la détruit absolument. De plus, comment Toulan aurait-il pu faire fabriquer ou même se procurer « des objets à peu près pareils » en un si court espace de temps, puisque, tant que ces objets furent entre les mains de Cléry (du 21 janvier au 1ᵉʳ mars), celui-ci ne s'en dessaisit point et surtout ne les montra à aucune personne de l'entourage de la Reine? On verra plus loin, d'après une citation de ses Mémoires, la preuve de ce fait (*Journal du Temple*, par CLÉRY, 1816, p. 191). A noter aussi le témoignage de Turgy sur ce point : « Cléry resta encore plus d'un mois à la Tour, mais sans pouvoir communiquer avec nous » (p. 359).

CHAPITRE II

La Reine fait remettre les objets à Jarjayes par Toulan. — Billet qui les accompagne. — Double mission du chevalier. — A Bruxelles. — Un ami de la Reine, le comte Jean Axel de Fersen. — Son voyage à Paris, février 1792. — A Hamm. — Le frère du Roi. — Souvenirs anciens. — Préventions et craintes. — L'empereur François II. — Dettes de la Reine. — Septeuil, ancien trésorier de la liste civile. — Lettres de Marie-Antoinette, de Madame Elisabeth, des enfants royaux au comte de Provence et au comte d'Artois. — Dernier billet de Marie-Antoinette à M. de Jarjayes. — « Adieu ! »

Lorsqu'elle eut définitivement repoussé toute pensée d'évasion, la Reine envisagea la situation sans désespoir, mais sans illusion. Quand serait-elle libre? Le serait-elle jamais? Et si elle l'était un jour, après quelles péripéties et après quelles épreuves? Dans cette incertitude de l'avenir, elle songea à mettre hors des atteintes de ses persécuteurs les reliques de son mari. C'est alors qu'elle pensa à faire partir Jarjayes, dont le dévouement aveugle ne demandait qu'à s'exercer pour son service. Ce projet présentait en outre l'avantage d'assurer la sécurité du chevalier.

Toulan, comme toujours, servit d'intermédiaire.

— D'après ce qui se passe, lui dit la Reine, je puis m'attendre d'un instant à l'autre à me voir privée de toute communication. Voici l'alliance, le cachet et le petit paquet de cheveux que je dois à vous seul d'avoir recouvrés. Je vous charge de les déposer entre les mains de M. de Jarjayes, en le priant de les faire parvenir à Monsieur et au comte d'Artois, ainsi que des lettres que ma sœur et moi avons écrites à nos frères[1].

Le billet qu'à cette occasion elle fit parvenir au chevalier n'a point encore été publié. Il est précieux à bien des titres, car il contient diverses dispositions, si l'on peut ainsi parler, qui ouvrent des aperçus nouveaux sur les sentiments de Marie-Antoinette ou qui confirment ce qu'on en savait déjà. De plus, les différentes personnes qui y sont désignées ne le sont que par des initiales ou par des indications se rapportant à des faits connus de la Reine et du seul Jarjayes. Il semble donc qu'on se trouve en présence d'une énigme,

1. *La Vie de Madame Élisabeth*, par A. DE BEAUCHESNE, p. 116.

t... vous remettra les
choses convenues pour h...
l'empreinte que je joins icy
est toute autre chose je desire
que vous la remettiés a la
personne qui vous saves
etre venu me voir de bruxelles
l'hiver dernier, et que vous
lui disies en meme tems que
la devise n'a jamais été plus
usage.
  Si vous n'etes pas content
de h... alles trouver mon neveu
de ma part, vous pourrez
aussi si vous voulez voir septeuil

qui est ma ton qu'a connu
depuis le mois d'aoust et
lui demandés ce que vous
avés payé a, pour nous
si vous en avés besoin. il
connoit ma confiance en
votre femme je pense qu'il
doit vous connoitre aussi
mais s'il est necessaire vous
pouvés lui faire voir ceci,
et lui dire ce que vous avés
fait pour nous il nous est
trop attaché pour ne pas en
sentir le prix. au reste je
m'engage a lui faire tenir
compte de ce qu'il vous
remettra, et j'en fais mème
s'il le faut mon affaire propre.

dont on ne puisse avoir la clef; cependant, grâce aux documents publiés récemment, et grâce à la connaissance que l'on possède aujourd'hui de ce temps, le problème n'est plus insoluble.

Voici le texte du billet :

« *T. (Toulan) vous remettra les choses convenues pour lui... L'empreinte que je joins ici est toute autre chose. Je désire que vous la remettiez à la personne que vous savez être venue me voir de Bruxelles l'hiver dernier, et que vous lui disiez en même temps que la devise n'a jamais été plus vraie.*

« *Si vous n'êtes pas content de h..., allez trouver mon neveu de ma part. Vous pourrez aussi, si vous voulez, voir Septeuil, qui est, m'a-t-on dit, à Londres depuis le mois d'août, et lui demander ce que vous avez payé ici pour nous, si vous en avez besoin. Il connaît ma confiance en votre femme. Je pense qu'il doit vous connaître aussi; mais s'il est nécessaire, vous pouvez lui faire voir ceci et lui dire ce que vous avez fait pour nous. Il nous est trop attaché pour ne pas en sentir le prix; au reste, je m'engage à lui faire tenir compte de ce qu'il vous remettra et j'en fais même, s'il le faut, mon affaire propre.*

« (*En travers, dans la marge :*) *Dites-moi ce que vous pensez de ce qui se passe ici.* »

Occupons-nous d'abord de « la personne venue

de Bruxelles l'hiver dernier » pour voir la Reine. L'hiver dernier, c'est l'hiver de 1792 puisqu'au moment où le billet est écrit, en mars, l'hiver 1793 n'est pas encore achevé. D'ailleurs la Reine est prisonnière au Temple depuis huit mois, et, sauf Jarjayes, n'a pu voir aucun de ses anciens amis. Qui donc, à cette époque, est venu de Bruxelles à Paris ? L'indication paraît fort vague, mais le raisonnement restreint bien vite le cercle des recherches. Puisque la Reine envoie une « empreinte » avec une devise, ce ne peut être qu'à une personne de son intimité; or, quand on songe aux intimes de Marie-Antoinette, quelques noms seulement se présentent à l'esprit, et parmi eux, en première ligne, celui du comte de Fersen.

C'est bien lui, en effet, le destinataire de « l'empreinte, » ainsi qu'on va le voir. Il est bon toutefois de donner auparavant sur ce personnage quelques renseignements biographiques.

Jean Axel de Fersen était un gentilhomme suédois, de grande famille, que son père fit voyager de bonne heure et qui vint en France pour la première fois en 1774. Dès cette époque, il fut vivement frappé de la grâce et de la beauté de celle qui n'était encore que Dauphine. A son second voyage, en 1779, il s'éprit pour la Dauphine devenue reine de France de la plus noble et de la plus chevaleresque passion...

Fût-ce pour faire taire les mauvaises langues qui lui prêtaient une royale bonne fortune, fût-ce pour échapper à un amour dont il craignait de n'être plus le maître, il s'éloigna bientôt, pour aller, sous les ordres de Rochambeau, aider les Américains du Nord dans leur guerre d'indépendance contre les Anglais.

Au mois de juin 1783 il rentra en France avec les troupes françaises, et fut nommé colonel du Royal-Suédois, tout en restant colonel dans l'armée de son pays. Ce double service l'obligeait de partager son temps entre la Suède et la France. Il retrouvait partout, même dans le Nord, le souvenir de Marie-Antoinette, dont Gustave III était un des plus fervents admirateurs...

Aux journées d'octobre 1789, il se trouva aux côtés de la Reine, prêt à la défendre contre l'émeute. C'est lui qui, en 1791, prépara la fuite de la famille royale, et qui, déguisé en cocher de fiacre, la conduisit des Tuileries jusqu'à Bondy. Là, il s'en sépara et gagna la Belgique, où il apprit avec douleur l'arrestation des fugitifs à Varennes.

A partir de ce moment, il se donna la mission de tout tenter pour sauver la reine de France, et se consacra entièrement à cette œuvre de dévouement. De Bruxelles, où il s'était installé, il noua des relations avec l'Europe entière. Il correspondait fréquemment avec Marie-Antoinette.

Son rôle, lors de la fuite à Varennes, avait été divulgué; aussi lui était-il interdit de rentrer en France. Mais la douleur de ne plus voir la Reine le poussa à y revenir, malgré les dangers d'un tel voyage. Marie-Antoinette refusa d'abord, puis céda. Le lundi, 24 janvier 1792, il écrit dans son journal : « La Reine a consenti que j'aille à Paris. »

Le 29, il reçoit une nouvelle lettre, par laquelle elle le prie de différer son voyage, jusqu'à ce que le décret sur les passeports soit rendu et la tranquillité un peu rétablie à Paris. Puis, le 3 février, elle lui déclare que le voyage est impossible et qu'il faut y renoncer. Il ne se soumet pas : le 6, il décide d'aller à Paris. Le 11, il se déguise, il part, et, voyageant sous un faux nom, il arrive dans la capitale le 13. Le même jour il voit la Reine, témoin cette note de son journal : « Allé chez la Reine, passé par mon chemin ordinaire, pour des gardes nationaux ; pas vu le Roi. »

Puis il a de longues conférences avec Louis XVI, avec Marie-Antoinette, et le 21, à minuit, il repart pour Bruxelles, où il arrive le 24, non sans avoir été arrêté plusieurs fois, et sur le point d'être découvert[1].

A mesure que les dangers augmentent en France, il redouble d'activité, mais sans succès aucun ; il se heurte à tant d'indifférence, à tant de mauvaise volonté! L'emprisonnement au Temple interrompt sa correspondance avec la Reine... Il méritait bien, on le voit, qu'elle pensât à lui!

Par une coïncidence étrange, vers la même époque, il lui écrivait une longue lettre remplie de conseils en vue de sa délivrance. Cette lettre n'arriva point à destination. Il ignorait la mission du chevalier, et ce ne fut que quelque temps après qu'il eut le bonheur de recevoir le souvenir à lui adressé par Marie-Antoinette.

L'autre mission consistait à remettre les « choses convenues » à *ha*... Ces deux lettres, les premières du mot Hamm, désignait la résidence de Monsieur, comte de Provence. C'était en effet de Hamm, petite ville de Westphalie, que le lendemain du 21 janvier, ce prince avait daté une solennelle protestation contre la Révolution, dans laquelle, au mépris des droits de la Reine, il s'était attribué la régence. Régence toute théori-

---

1. *Le Comte de Fersen et la Cour de France*, t. II, pp. 3 et suiv.

que du reste, qui, n'ayant d'effet qu'auprès des cours étrangères, ne pouvait produire d'autre résultat que d'effacer la personnalité de Marie-Antoinette devant l'Europe monarchique, tout en la laissant au premier rang en face de la France révolutionnaire.

Par le mot *h*, la Reine désignait le comte de Provence et par extension son autre beau-frère, le comte d'Artois. Toulan devait, de vive voix, compléter ses ordres, qui étaient de porter le cachet et les cheveux au comte de Provence, l'anneau de mariage au comte d'Artois.

La remise de ces objets entre les mains des princes du sang, les premiers après Louis XVII captif, était à la fois naturelle de la part de la Reine et flatteuse pour les destinataires.

Et cependant le billet n'est pas sans trahir quelques craintes sur l'accueil réservé à M. de Jarjayes. « Si vous n'êtes pas content de *h*... », écrit plus bas la Reine. C'est qu'elle se souvient que ses amis ne sont pas ceux de son beau-frère, c'est qu'elle se rappelle les dissentiments du Roi et de ses frères à son sujet.

La conduite du comte de Provence avait été particulièrement coupable. Il s'était comporté comme le pire de ses ennemis. Elle sait que la haine du peuple contre elle, son immense impopularité sont nées des calomnies échappées légèrement des lèvres méchantes de ce prince.

La Révolution et les malheurs de la royauté n'avaient même pas ramené à de meilleurs sentiments cet esprit égaré. L'histoire nous a conservé les trop justes griefs de la Reine calomniée. Il suffit de citer ces passages d'une lettre qu'elle écrivait le 31 octobre 1791 : « La lettre de Monsieur au baron (de Breteuil) nous a étonnés « et révoltés, mais il faut avoir patience et, dans « ce moment, pas trop montrer de colère ; je vais « pourtant la copier pour la montrer à ma sœur. « Je suis curieuse de savoir comment elle la jus- « tifiera, au milieu de tout ce qui se passe. C'est « un enfer que notre intérieur, il n'y a pas moyen « d'y rien dire avec les meilleures intentions du « monde... Je vois que l'ambition des gens qui « entourent Monsieur le perdra entièrement ; il « a cru, dans le premier moment, qu'il était tout, « et il aura beau faire, jamais il ne jouera de « rôle... Il est bien malheureux que Monsieur « ne soit pas revenu tout de suite quand nous « avons été arrêtés[1] ; il aurait suivi alors la mar- « che qu'il avait toujours annoncée, de ne vou- « loir jamais nous quitter...[2]. »

1. A Varennes.
2. *Le Comte de Fersen et la Cour de France*, t. II, p. 207.

De plus, les princes avaient confondu leur cause avec celle de l'émigration, et les émigrés étaient pour le Roi et la Reine, restés en France, la cause des plus grands malheurs : « Les folies « des princes et des émigrants nous ont aussi « forcés dans nos démarches, » écrivait la Reine le 26 septembre 1791[1]. « C'est encore à Coblence « et aux émigrés que nous devons cette cruelle « persécution » (7 novembre)[2]. « Cette démar- « che (le retour de M. de Mercy) animerait encore « plus la rage des émigrés contre l'empereur et « moi[3]... »

Ignorant si le prince avait gardé contre elle ou contre son envoyé quelques-unes des préventions anciennes, elle engagea le chevalier, dans le cas où l'accueil qui lui serait fait ne lui conviendrait pas, à se rendre auprès de son neveu, François II, empereur d'Allemagne depuis 1792.

Mais les doutes, souvenirs de griefs trop réels, qu'elle confiait au seul Jarjayes, ne pouvaient empêcher la Reine de transmettre au frère de son mari les témoignages d'une affection avivée par le malheur. De sa prison, c'était comme un généreux pardon qu'elle envoyait à l'exilé.

1. *Le Comte de Fersen et la Cour de France*, t. II, p. 192.
2. *Ibid.*, p. 213.
3. *Ibid.*, p. 208.

La famille royale tout entière mit à profit cette occasion, la dernière peut-être, pour échanger quelques souvenirs douloureux et tendres avec ceux qui, plus heureux, se trouvaient au loin, à l'abri de la tourmente.

Au comte de Provence, la Reine écrivit :

« *Ayant un être fidèle, sur lequel nous pouvons compter, j'en profite pour envoyer à mon frère et ami ce dépôt qui ne peut être confié qu'entre ses mains. Le porteur vous dira par quel miracle nous avons pu avoir ces précieux gages. Je me réserve de vous dire moi-même un jour le nom de celui qui nous est si utile. L'impossibilité où nous avons été jusqu'à présent de pouvoir vous donner de nos nouvelles et l'excès de nos malheurs nous fait sentir encore plus vivement notre cruelle séparation. Puisse-t-elle n'être pas longue! Je vous embrasse en attendant comme je vous aime, et vous savez que c'est de tout mon cœur.*

« M.-A. »

Marie-Thérèse envoya aussi quelques lignes à son oncle. Sur le billet, le petit prince apposa sa signature d'une main inexpérimentée :

« *Je suis chargée pour mon frère et pour moi de vous embrasser de tout notre cœur.*

« M.-T. » « Louis. »

Madame Élisabeth joignit à cet envoi le billet suivant :

« *Je jouis d'avance du plaisir que vous éprouverez en recevant ce gage de l'amitié et de la confiance. Être réunie avec vous et vous voir heureux, est tout ce que je désire. Vous savez si je vous aime ; je vous embrasse de tout cœur.*

« É.-M. »

Au comte d'Artois était destiné l'anneau de mariage, avec ces deux billets :

De la Reine :

« *Ayant trouvé enfin un moyen de confier à notre frère un des seuls gages qui nous restent de l'être que nous chérissions et pleurons tous, j'ai cru que vous seriez bien aise d'avoir quelque chose qui vient de lui. Gardez-le en signe de l'amitié la plus tendre avec laquelle je vous embrasse de tout mon cœur.* »

Quant à Madame Élisabeth, la tendresse profonde qu'elle ressentait pour ce frère préféré éclate dans cette lettre où, avec la sincérité la plus parfaite, cette admirable princesse, s'oubliant tout à fait, ne parle que des souffrances à elle causées par les malheurs des siens, et ne songe à l'avenir que pour se préparer à de nouveaux dévouements !

« Quel bonheur pour moi, mon cher ami, mon frère, de pouvoir, après un si long espace de temps, vous parler de mes sentiments ! Que j'ai souffert pour vous ! Un temps viendra, j'espère, où je pourrai vous embrasser et vous dire que jamais vous ne trouverez une amie plus vraie et plus tendre que moi. Vous n'en doutez pas, j'espère ? [1] »

Puis, elle confia encore une mission au chevalier pour sa sœur aînée, la princesse Clotilde, mariée au prince de Piémont, fils et héritier présomptif du roi de Sardaigne.

Cette mission détermina Jarjayes à quitter la France par le midi, et il se disposa à partir pour Turin dans le courant d'avril 1793.

Le chevalier se trouvait dans une situation pécuniaire fort amoindrie, grâce aux sommes considérables que son dévouement avait prodiguées pour la Reine. Celle-ci avait à cœur de s'acquitter de la dette d'argent, soucieuse seulement de conserver toujours la dette de reconnaissance. Elle conseille à Jarjayes d'aller trouver M. de Septeuil, qui, dans les temps heureux, occupait à la cour un poste de confiance, celui de trésorier de la liste civile, et qui, comme la plupart de ceux qui avaient reçu de la monarchie

---

1. *Mémoires historiques sur Louis XVII*, par Eckard, pp. 178-179.

les plus grands bienfaits, n'avait pourtant pas hésité à assurer sa sécurité, en s'établissant à l'étranger.

Mᵐᵉ de Septeuil avait été arrêtée au mois d'août 1792, avec la plupart des femmes attachées à la Reine ; dès qu'elle fut mise en liberté, quelques semaines après [1], son mari se hâta de l'emmener en Angleterre, dans un pays plus tranquille et plus sûr [2].

Il était malaisé à Jarjayes d'aller à Londres, d'autant que le but de son voyage l'entraînait d'un tout autre côté. Il n'écouta que le devoir, et quand

1. Liste des personnes détenues à la Force le 30 août 1792... Angélique-Euphrasie Peignon, épouse de M. de Septeuil, âgée de 21 ans et demi, envoyée dans cette prison pour y être détenue jusqu'à nouvel ordre... Elle fut relâchée le 3 septembre. (A. DE BEAUCHESNE.)

2. M. de Septeuil fut la cause d'une des plus terribles accusations portées contre Louis XVI. Dans son procès, on interrogea le Roi sur les accaparements de grains, de denrées alimentaires, etc. — « N'avez-vous pas autorisé Septeuil à entreprendre un commerce de grains, sucres et cafés à Hambourg et dans d'autres villes? Ce fait est prouvé par des lettres de Septeuil. » Ce qui était prouvé, c'était le commerce fait par Septeuil, et non la participation ni même l'autorisation du Roi. Celui-ci ignorait les agissements de Septeuil, qui, en apprenant cette accusation, écrivit de Londres une lettre par laquelle il attestait que les achats étaient étrangers au Roi et appartenaient à une spéculation particulière de commerce dans laquelle lui, Septeuil, en société avec quelques amis, avait placé ses propres fonds. (*Mémoires particuliers de A.-F. de Bertrand-Moleville*, t. II, pp. 266 et 372.) On ne le crut pas, ou on ne voulut pas le croire.

il eut reçu les dernières instructions, il s'éloigna...

Marie-Antoinette ne put laisser partir cet ami si fidèle, avec lequel depuis deux mois elle correspondait presque chaque jour, et dont l'existence, pendant ces quelques semaines, s'était confondue avec la sienne, grâce à la communauté de leurs pensées, de leurs espoirs et de leurs tristesses sans un poignant serrement de cœur. Elle adressa au général un adieu bien touchant, où dans la dernière ligne se trahit la douleur de la femme qui sent le malheur appesanti sur elle, qui prévoit l'affreuse et implacable destinée.

Toulan ne pouvait manquer d'être le messager de la Reine. Ce fut lui qui remit à Jarjayes ce dernier billet [1] :

« *Adieu! je crois que si vous êtes bien décidé à partir, il vaut mieux que ce soit promptement. Mon Dieu! que je plains votre pauvre femme! T... (Toulan) vous dira l'engagement formel que je prends de vous la rendre, si cela m'est possible.*

« *Que je serais heureuse si nous pouvions être bientôt réunis! Jamais je ne pourrai assez reconnaître tout ce que vous avez fait pour nous.*

« *Adieu! ce mot est cruel!* »

---

[1]. *Le Comte de Fersen et la Cour de France*, t. II, p. 408.

CHAPITRE III

Départ de M. de Jarjayes. — M. de Joly. — Madame de Jarjayes restée à Paris. — Dangers qu'elle court. — M. de Jarjayes à Turin. — La cour de Sardaigne. — Propos des émigrés contre le chevalier. — Message au comte de Provence. — Surprise de ce prince. — Lettre de remerciement. — La Reine ignore le succès de la mission. — Récit de Madame Royale. — Cléry à Blankenbourg.

Sa résolution une fois prise, Jarjayes était parti de Paris très précipitamment, n'emportant que ce qui lui était rigoureusement nécessaire pour aller jusqu'à Turin. Un de ses amis, qu'il avait attiré auprès de lui au dépôt de la Guerre, lorsqu'il en était directeur, M. de Joly, seul l'accompagna. La Reine avait gardé Mme de Jarjayes, pour avoir dans Paris une amie sûre et pouvoir, par elle et grâce à Toulan, conserver avec le dehors quelques relations encore. La tristesse de cette séparation aggrava pour le général la tristesse du départ ; il s'éloigna, l'esprit agité d'une violente préoccupation.

En dehors de la famille royale, sur le sort de laquelle sa raison et son expérience ne lui permettaient guère de nourrir des illusions, il était effrayé des dangers que courait sa femme, en restant à Paris.

Mme de Jarjayes, en effet, n'avait été étrangère ni aux projets ni aux tentatives de son mari et, si le rôle joué par le chevalier et par Toulan venait à être divulgué ou découvert, ce qui était malheureusement dans les probabilités, elle aurait sûrement à souffrir des représailles qu'on ne manquerait pas d'exercer contre ceux qui s'étaient dévoués à la famille royale. Sa situation à la cour, ses fonctions de femme de chambre de la Reine seraient pour elle une cause de perte assurée... Il s'en fallut de peu que les événements donnassent raison à ces sombres pressentiments...

Cependant Jarjayes était parti, chargé des souvenirs précieux et chers qu'il devait remettre aux frères et à la sœur de Louis XVI. Échappant avec bonheur aux périls de la route, son compagnon et lui traversèrent toute la France sans encombre et arrivèrent en Piémont vers le milieu du mois d'avril 1793.

La famille royale de Sardaigne tenait à la

famille royale de France par de nombreuses alliances : le comte de Provence avait épousé Marie-Joséphine-Louise de Savoie; le comte d'Artois, sa sœur Marie-Thérèse de Savoie ; puis en 1777 le prince de Piémont, héritier de la couronne, s'était marié avec la princesse Clotilde, sœur de Louis XVI, celle qu'on appelait familièrement Gros-Madame, à cause de son embonpoint.

Le roi régnant était Victor-Amédée III. La scène qui se passa après le 21 janvier entre lui et son peuple dénote un fort singulier état d'esprit, aussi bien chez ce prince que chez ses sujets, et mérite, à ce titre, d'être rapportée.

Dès qu'il apprit la mort de Louis XVI, il donna les marques de la plus grande douleur, levant les mains au ciel, et s'écriant que si son peuple voulait adopter les lois françaises, il était prêt à descendre du trône. Et, dans sa tristesse, il abdiqua sur-le-champ. Le peuple qui n'accepte, paraît-il, que les abdications qu'il impose, refusa celle de Victor-Amédée et cria : « Non, non ! Vive notre bon roi ! » Et dans l'instant on le supplia de reprendre son autorité et de recevoir un nouveau serment de fidélité. Il y consentit et fut ramené en triomphe à son palais[1].

1. *Mémoires historiques sur Louis XVII*, par ECKARD p. 418.

Dans une pareille cour, l'accueil réservé à Jarjayes ne pouvait qu'être excellent... Le chevalier fut en effet admirablement reçu à Turin. Les nouvelles qu'il apporta, les récits qu'il fit frappèrent si vivement le roi que celui-ci ne voulut plus le laisser partir. Il le retint près de lui et l'attacha à sa personne.

M. de Jarjayes qui, ainsi que son ami M. de Joly, avait épuisé ses dernières ressources, fut heureux de trouver une situation qui lui permettait de vivre en attendant des temps meilleurs; il accepta les offres du roi. Mais il avait une mission à remplir. Pour mettre sa conscience à l'aise, Victor-Amédée III se chargea de faire parvenir au comte de Provence les dépêches des prisonniers du Temple, par un envoyé extraordinaire.

En dehors de la question d'argent, qui avait son importance, car elle aggravait sensiblement les difficultés qu'il aurait éprouvées à se rendre de Turin à Hamm, le chevalier ne désirait nullement se présenter en personne au comte de Provence.

Il n'était point sans quelque appréhension sur l'accueil qu'on lui réservait. Il approchait de la cinquantaine, et dans son existence fort remplie jusqu'à ce jour il avait appris à connaître le monde et les hommes. Il se savait des jaloux et même des ennemis.

Il s'en fallait, en effet, qu'il fût apprécié par tous les royalistes comme par ses souverains! Souvent, aux Tuileries, dans les mois qui avaient précédé le Dix Août, il lui était arrivé de contredire les propos inconsidérés de zélés à courte vue, et il n'avait dissimulé à personne ses craintes trop raisonnables. Aussi certains, choqués de cette franchise, ne se gênaient-ils point, dès cette époque, pour l'accuser de suivre les principes constitutionnels[1] et de faire cause commune avec les destructeurs du pouvoir royal!

Sa persistance à rester en France, mal interprétée par ceux qui avaient cru pouvoir passer la frontière, avait donné prise à de nouvelles calomnies; le bruit courait parmi les émigrés qu'il s'était rallié au gouvernement révolutionnaire et qu'il lui avait même offert ses services...

Ces insinuations étaient parvenues jusqu'au comte de Provence, qui, docile aux dires de son entourage, y avait bonnement ajouté foi.

La méfiance du général n'était donc point sans fondement. Aussi remit-il volontiers le cachet et les billets à un courrier, lequel les porta à Hamm.

Grande fut la surprise du comte de Provence en recevant de tels souvenirs, et par l'entremise

---

1. *Mémoires* de Mme CAMPAN, t. II, p. 128.

A Hamm ce 14 Mai 1793.

Votre lettre, Monsieur, m'a causé un plaisir indicible, mais avant de vous en parler, je vous dois un aveu. J'avois vû avec autant de surprise que de peine, votre nom sur la liste des Officiers-généraux de la soi-disant République et comme les hommes ne peuvent juger que sur les apparences, je ne puis pas vous cacher que vous aviez perdu mon estime. Mais avec quel plaisir je reconnois mon erreur! comme vous la vengé de moi! combien je vous estime, combien je vous admire! On ne prononce qu'avec respect le nom de Pelisson, mais quand on pourra comme je l'espere, connoître toute l'étendue de votre dévouement, on ne parlera plus que de vous. Mais c'est assez parler de votre gloire, il faut vous entretenir de ma reconnoissance. Vous m'avez procuré le bien le plus précieux que j'aye au monde, la seule véritable consolation que j'aye éprouvé depuis nos malheurs. Il ne me manque que le moyen de témoigner moi-même aux êtres plus chers que ma vie, dont vous m'avez donné des nouvelles, combien je les aime, combien leurs billets, et l'autre gage de leur amitié, de leur confiance, ont pénétré mon cœur des plus doux sentiments. Mais je ne puis pas me flatter de tant de bonheur et je suis bien sûr que si vous en connaissiez un moyen, vous me l'indiqueriez. J'aurois désiré vous voir, vous parler de ma reconnaissance, m'entretenir avec vous d'eux, des moindres détails des services que vous leur avez rendus, mais je ne puis qu'approuver les raisons qui vous font rester en Piémont. Continuez à y servir notre père et malheureux Roi, comme vous vous avez servi le frère que je pleurerai toute ma vie. Dites de ma part à M. de Jolly combien je suis très fait de sa conduite et comptez tous les deux à jamais sur moi.

Louis Stanislas Xavier.

de Jarjayes! Il reconnut quelle avait été son erreur, et manifesta de vifs regrets d'avoir écouté les propos malveillants et faux qui représentaient le confident et le messager de la Reine comme un traître. Dans la lettre de remerciements qu'il lui adressa à cette occasion, il s'en expliqua non sans franchise.

Voici cette lettre, qui n'a point encore été reproduite dans son entier :

« *A Hamm, ce 14 mai 1793.*

« *Votre lettre, Monsieur, m'a causé un plaisir indicible, mais avant de vous en parler, je vous dois un aveu. J'avais vu avec autant de surprise que de peine votre nom sur la liste des officiers généraux de la soi-disant République, et comme les hommes ne peuvent juger que sur les apparences, je ne puis pas vous cacher que vous aviez perdu mon estime. Mais avec quel plaisir je reconnais mon erreur? Comme vous vous êtes vengé de moi? Combien je vous estime et combien je vous admire? On ne prononce qu'avec respect le nom de Pélisson; mais quand on pourra, comme je l'espère, connaître toute l'étendue de votre dévouement, on ne parlera plus que de vous. Mais c'est assez parler de votre gloire, il faut vous entretenir de ma reconnaissance. Vous m'avez procuré le bien le plus* précieux que j'aie au monde, la véritable consolation que j'aie éprouvée depuis nos malheurs. Il ne me manque que le moyen de témoigner moi-même aux êtres plus chers que ma vie, dont vous m'avez donné des nouvelles, combien je les aime, combien leur billet et l'autre gage de leur amitié, de leur confiance, ont pénétré mon cœur des plus doux sentiments. Mais je ne puis pas me flatter de tant de bonheur, et je suis bien sûr que si vous connaissiez un moyen, vous me l'indiqueriez. J'aurais désiré vous voir, vous parler de ma reconnaissance, m'entretenir avec vous d'eux, des moindres détails, des services que vous leur avez rendus; mais je ne puis qu'approuver les raisons qui vous font rester en Piémont. Continuez à y servir notre jeune et malheureux Roi, comme vous avez servi le frère que je pleurerai toute ma vie. Dites de ma part à M. de Joly combien je suis satisfait de sa conduite et comptez tous les deux à jamais sur moi.

« LOUIS-STANISLAS-XAVIER. »

Ainsi Jarjayes avait de tous points réussi dans sa mission. C'eût été une consolation pour la Reine de savoir en sûreté ces objets qu'elle désirait voir un jour entre les mains de son fils. Elle n'eut pas cette satisfaction. Marie-Thérèse elle-même l'ignora longtemps : n'a-t-elle pas écrit que « la personne qui avait pris ces objets était bien intentionnée... que ce brave homme est mort plus tard, non par suite de cette affaire, mais pour une autre bonne action... » Et elle ajoute : « Je ne puis le nommer, espérant qu'il aura pu confier ces objets à quelqu'un avant de périr[1]. »

Cléry rapporte à ce sujet, dans son *Journal du Temple*[2], une scène qui ne manque point de grandeur. Il était parti de Vienne pour se rendre en Angleterre. Il passa à Blankenbourg, dans l'intention de faire au roi Louis XVIII hommage de son manuscrit. Quand le prince arriva à l'endroit du journal où il est question des bijoux laissés par Louis XVI, il chercha dans son secrétaire, et montrant avec émotion un cachet :

— Cléry, le reconnaissez-vous? dit-il.

— Ah! sire, c'est le même! s'écria Cléry.

— Si vous en doutiez, reprit le Roi, lisez ce billet.

Cléry lut en tremblant le billet écrit par la Reine : « *Ayant un être fidèle...* » Il n'y avait plus à douter. Son étonnement fut considérable, car tout faisait présumer que ce gage pré-

---

1. *Récits des événements arrivés au Temple*, p. 33.
2. P. 191.

cieux avait été ou brûlé ou mis au creuset, le 23 avril 1793, en même temps que les rubans, les croix, décorations et divers bijoux en or et en argent trouvés par les commissaires de la Commune lors d'une visite dans l'appartement du feu Roi[1]. Et c'était le 21 janvier 1797 que Cléry retrouvait dans la main de Louis XVIII ce symbole de la royauté que Louis XVI avait voulu conserver à son fils! . . . .
. . . .

Ainsi, tous les efforts tentés pour soustraire à la Commune la famille royale n'avaient servi, par une suite de contre-temps et de fatalités, qu'à sauver quelques bijoux, qu'à conserver à la Maison de Bourbon les derniers souvenirs de Louis XVI.

Mais à côté de ce résultat matériel, si mince en comparaison de la grandeur de l'entreprise, il serait injuste de passer sous silence le résultat moral, et d'enlever aux intrépides complices de ce projet audacieux le mérite d'avoir fait veiller autour de la Reine prisonnière la fidélité courageuse et active.

N'était-ce rien pour Marie-Antoinette que de voir Jarjayes et Toulan « tomber à ses genoux

---

1. *Mémoires historiques sur Louis XVII*, par ECKARD, p. 153.

et lui offrir, dans l'ombre de son cachot, un dévouement que le lieu, le péril, la mort présente élevaient au-dessus de tous les dévouements prodigués à sa prospérité?[1] »

N'était-ce rien que de lui donner, pendant six semaines, l'espoir d'une délivrance prochaine, de l'arracher, pour un temps, à ses tristesses et à ses angoisses, et de lui procurer ce dernier bonheur de sentir autour d'elle quelques cœurs amis?

Quand la prison, qui se refermait sur elle, ne devait plus ouvrir ses portes que pour la livrer au tribunal révolutionnaire, c'est-à-dire à la mort, n'était-ce rien que de lui avoir fourni l'illusion de s'en croire échappée, ne fût-ce qu'un instant?

C'était un rêve, soit! Mais Marie-Antoinette, qui s'y connaissait, l'a elle-même qualifié de beau. Qui pourrait dire, d'ailleurs, que le courage de Toulan et de Jarjayes a été inutile, puisqu'en cette circonstance il a montré à la postérité quelle femme énergique et quelle mère dévouée était celle qui fut la dernière reine de France?[2]...

---

1. LAMARTINE, *Histoire des Girondins*, t. IV, p. 334.
2. M. de Jarjayes avait rédigé, pour les frères de Louis XVI, un rapport sur ces événements. Le rapport, ainsi que les originaux de quelques-uns des billets de Marie-Antoinette (et non point de *tous*, comme le dit M. Feuillet de Conches), avaient, par succession, passé aux mains de M. le baron Zan-

giacomi, conseiller à la cour de cassation. La Commune, en avril 1871, ordonna une perquisition au domicile de ce dernier; ces divers autographes furent saisis ainsi que beaucoup d'autres pièces rares et précieuses, et transportés au Palais de Justice. Ils ont disparu dans l'incendie qui détruisit ce monument. Les billets dont nous reproduisons les fac-similés sont donc les seuls qui subsistent.

QUATRIÈME PARTIE

LES SUITES DU COMPLOT

CHAPITRE PREMIER

Soupçons. — Première dénonciation d'Arthur. — Justification de Lepitre et de Toulan. — On les écarte du service du Temple. — Dénonciation des Tison. — Perquisition chez les prisonnières. — Le chapeau de Toulan. — Folie de la femme Tison.

— Toi, tu es un traître, et tu seras guillotiné! dit un jour une tricoteuse à Toulan. Bien que la chose fût dite en plaisantant, Toulan, malgré son aplomb ordinaire, resta quelque peu désarçonné devant cette perspicacité instinctive du peuple.

C'est que, depuis les événements terribles qui menaçaient la République des plus graves dangers, depuis la révolte de la Vendée et les succès des armées étrangères, depuis la trahison de Dumouriez, ce troisième commandant en chef passant à l'ennemi, après Bouillé, après La Fayette, la peur exaspérait la colère de cette foule, qui se ruait à la liberté à travers le sang et les larmes.

Or la colère revêtait le caractère qu'elle prend toujours dans les masses ignorantes, elle était soupçonneuse et mauvaise, prête à la cruauté.

Chacun se défiait de tous, et la crainte d'être trahi faisait voir des traîtres partout. La grande accusation, à cette époque, était précisément celle de trahison, et il n'était point nécessaire d'en être convaincu, pas même d'en être coupable, il suffisait d'en être soupçonné pour en devenir la victime.

Si habile que fût Toulan, si prudent que fût Lepître, il était impossible que leur conduite n'éveillât pas, à la longue, les soupçons faciles et prompts de leurs collègues ou des gens de la domesticité, placés là pour tout surveiller. Puis, il faut bien le dire, de ces espions, le plus dangereux n'était pas celui dont on pouvait le mieux se défendre : c'était le pauvre petit prince, chez qui les malheurs avaient développé l'habitude de l'observation, sans donner à son intelligence un discernement égal. Il savait quels étaient les municipaux favorables à sa mère : comment l'empêcher d'en parler, comment même lui apprendre à n'en rien laisser voir? Son enfance était incapable d'une telle dissimulation.

Certains commissaires, mis en éveil par de vagues indices ou par une défiance naturelle, épiaient Toulan et Lepître avec un soin d'autant plus jaloux qu'ils n'étaient pas sans avoir eu à souffrir dans leur amour-propre soit du dédain parfois mal retenu du vaniteux professeur pour des gens dépourvus d'éducation et manquant de latinité, soit de la verve railleuse du caustique Gascon : supériorité morale que ces farouches égalitaires ne pardonnaient pas.

Ils les observèrent donc avec soin, et bientôt ils s'aperçurent que tous deux se trouvaient presque toujours de service au Temple en même temps; puis ils recueillirent çà et là divers bruits qui commençaient à courir. Ne disait-on pas que Toulan avait reçu de la Reine une boîte en or; que sa femme en avait parlé à ses commis, qu'elle la leur avait même montrée?... Les commis le répétaient à qui voulait l'entendre...

Il n'en fallait pas tant pour délier les langues. Le 26 mars, Arthur, riche fabricant de papiers peints, connu pour son fanatisme révolutionnaire et devenu fameux pour avoir, au Dix Août, dévoré le cœur d'un suisse assassiné par lui sur les marches des Tuileries, Arthur dénonça à la Commune ses collègues comme ayant des intelligences avec les prisonniers du Temple. Il accusait Lepître de s'entretenir familièrement et mystérieusement avec Marie-Antoinette, Toulan de la faire rire, elle et sa famille, par des plaisanteries qui dégradaient la dignité d'un magistrat du peuple[1]. C'étaient là les seuls griefs invoqués contre eux.

Ils eussent suffi à les perdre, si le jour où ces propos lui furent rapportés, Hébert se fût trouvé dans des dispositions sanguinaires. Cette fois, le substitut du procureur de la Commune était de bonne humeur. Il fit venir les coupables et les interrogea avec bienveillance. Lepître nia tout, Toulan lui rit au nez. Hébert convaincu ne donna pas, sur l'instant, d'autres suites à la dénonciation.

Le professeur, rassuré sur son sort et désireux de se remettre de son émotion, alla passer la soirée du lendemain 27, au théâtre du Vaudeville. Il était fier de se montrer en public avec un habit de velours, et négligemment, sans en avoir l'air, il trouvait moyen d'apprendre à ses voisins et à ses voisines sa qualité de membre de la Commune[2]. Ce soir-là, on jouait la *Chaste Suzanne*, une pièce qui faisait fureur, et que, par une singulière condescendance, si contraire à tous ses autres actes, le gouvernement laissait librement représenter, bien qu'elle contînt cette phrase : « Vous êtes

---

[1]. *Quelques souvenirs*, par Lepître, p. 52.
[2]. *Ibid.*, p. 54.

ses accusateurs, vous ne pouvez être ses juges, » écho du procès de Louis XVI. Lepître nous apprend que la salle regorgeait de spectateurs, applaudissant avec frénésie...

Singulier témoignage du caractère emporté et léger, furieux et débonnaire, cruel et bon d'un peuple qui le matin va voir guillotiner, dans le jour se bat à la porte des boulangeries pour avoir du pain, prend son fusil pour faire ou pour réprimer une émeute, et qui, le soir, a besoin de se distraire au théâtre, et s'y distrait, en dépit de tout!...

Mais l'issue de la dénonciation d'Arthur, qui a si pleinement satisfait les deux dénoncés, n'a satisfait qu'eux-mêmes, et les préventions à leur égard subsistent plus violentes que jamais dans le Conseil de la Commune. Ils n'en ont cure, et, payant d'audace, ils se font désigner comme commissaires au Temple pour le jour de Pâques. Colère, fureur des vrais patriotes. Il faut empêcher ce scandale : Lèchenard, tailleur de son état et ivrogne de profession, entraîne le Conseil et fait révoquer leur nomination...

Tout cela n'était que jeux d'enfants, qu'amusements préliminaires. Un orage plus considérable se forme contre eux et va éclater bientôt. Il ne s'agit plus seulement de les frapper, eux, il faut atteindre aussi la Reine. Le moyen est tout trouvé : on empêche Tison de voir sa fille. Il en prend de l'humeur. Un soir, il voit un homme pénétrer au Temple, pour un service quelconque. Il se met en colère de ce qu'un étranger peut entrer quand son enfant ne le peut pas. La garde des prisonnières a des exigences atroces, et il se répand contre elles en propos violents. Ils sont aussitôt rapportés à Pache, le maire de Paris, qui se trouve en bas, comme par hasard. La chose lui paraît intéressante, il fait descendre Tison.

— De quoi te plains-tu? lui demande-t-il.

— De ne pas voir ma fille, répond Tison, et aussi de ce que certains municipaux ne se conduisent pas bien.

— Que font-ils?

— Ils parlent bas aux prisonnières, ils leur facilitent des correspondances avec le dehors...

— Et ces municipaux?... Ils se nomment?...

— Toulan, Lepître...

Invité à fournir des preuves de ce qu'il avance, il déclare qu'un jour, au souper, Marie-Antoinette, tirant son mouchoir, a laissé tomber un crayon; qu'une autre fois, chez Madame Élisabeth, il a trouvé des pains à cacheter et une plume dans une boîte.

Pendant qu'il parle, on écrit, et quand il a fini.

on lui fait signer la dénonciation. Puis sa femme est mandée. Effrayée, elle confirme tout ce qu'a dit son mari; et elle ajoute que par Toulan et Lepître notamment la famille royale est instruite de tous les événements; qu'ils lui remettent les papiers publics; qu'ils lui facilitent les moyens de correspondance, en apportant des lettres et en se chargeant des réponses : que, sans cesse dans la chambre de la Reine, assis auprès des détenues, ils s'entretiennent librement avec elles... Enfin elle dit tout ce qu'elle a pu voir et tout ce qu'elle soupçonne[1].

C'est le 19 avril que se passe cette scène; le lendemain les Tison voient leur fille.

Le lendemain aussi, à dix heures et demie du soir, la Reine et Marie-Thérèse viennent de se coucher, lorsque Hébert se présente, accompagné de plusieurs municipaux. Elles se lèvent précipitamment, et entendent la lecture d'un arrêté de la Commune qui ordonne de tout fouiller à discrétion, ce qu'ils font jusque dans les matelas.

Ils ôtent à la Reine une adresse de marchand qu'elle avait conservée; à Marie-Thérèse, ils prennent un Sacré-Cœur de Jésus et une prière

---

1. *Récits des événements arrivés au Temple*, pp. 35 et suiv. — *Quelques souvenirs*, par Lepître, p. 56.

pour la France ; chez Madame Élisabeth, ils trouvent un bâton de cire à cacheter et un chapeau, qu'ils emportent. Maigres résultats pour tant de besogne. A deux heures du matin, ils se décident à partir, furieux.

Trois jours après ils reviennent et font descendre Madame Élisabeth. Le chapeau trouvé dans sa chambre les intrigue vivement. Ils interrogent la princesse, lui demandent d'où il vient, depuis quand elle le conserve et pourquoi elle le garde. Elle répond que ce chapeau a appartenu à son frère et qu'elle le garde comme un souvenir de lui.

Ils ne savent que penser de la réponse. Ils ne sont pas convaincus, car ils croient se rappeler que Louis XVI n'avait qu'un chapeau avec lequel il a été au supplice...

Ils ont raison de se défier, ces commissaires. Le chapeau trouvé sous le lit de Madame Élisabeth n'a jamais appartenu à son frère ; c'est celui que Toulan a laissé un jour, et qui devait servir à la princesse déguisée en municipal, lors du projet de fuite...

La dénonciation a fait long feu. Sans doute Toulan et Lepître sont un peu plus suspects qu'auparavant, mais aucune preuve sérieuse n'a été découverte contre eux. On ne prend donc à leur égard aucune mesure, si ce n'est, par précaution, de les éloigner désormais du service du Temple; mais ils continuent leurs autres fonctions de membres de la Commune.

La première victime de cette machination en fut la principale complice.

En effet, peu de temps après, la femme Tison se met, un jour, à parler toute seule.

Cela fait rire la jeune Marie-Thérèse. Sa mère et sa tante la regardent avec complaisance, comme si ce rire leur faisait du bien. Mais la femme Tison ne s'arrête point; elle parle maintenant tout haut de ses fautes, de ses dénonciations, de prison, d'échafaud, de la Reine, de sa famille, de ses malheurs... Et finalement elle se jette aux pieds de la Reine, et implore sa miséricorde!

La Reine la relève, cherche à la calmer : c'est en vain. La malheureuse est devenue folle!

Ne voyant pas revenir au Temple les municipaux qu'elle a dénoncés, elle s'imagine que peut-être ils ont péri sur l'échafaud. Ses journées se passent dans l'attente. La nuit elle a des rêves affreux. On est obligé de l'emmener, de la transporter à l'Hôtel-Dieu, où elle meurt bientôt...[1].

1. *Récits des événements arrivés au Temple,* pp. 42 et suiv.

CHAPITRE II

Toulan aux alentours du Temple. — Signaux convenus. — Correspondance par l'entremise de Turgy. — Billet de Madame Élisabeth. — *Produse*. — Agitations politiques. — Comité des Douze. — Opposition de la Commune. — Pétition contre les Girondins. — Lepître refuse de signer. — Toulan signe. — Insurrection des 31 mai et 2 juin. — Toulan va dans la banlieue. — Tentative du baron de Batz ignorée de Toulan.

Après leur tentative infructueuse pour rentrer au Temple le jour de Pâques, après l'espèce d'ostracisme prononcé contre eux par la majorité de leurs collègues, Toulan et Lepître comprirent qu'il fallait se soumettre sous peine des plus graves responsabilités. Le Tribunal révolutionnaire fonctionnait déjà, et ils n'y avaient échappé que par miracle.

Lepître se résigna à abandonner les beaux projets que son imagination toujours fertile avait enfantés, et, riche de souvenirs, il reprit tranquillement ses occupations habituelles, tout en continuant à suivre assidûment les séances de la Commune.

Quant à Toulan, la résignation passive n'était point son fait. Méprisant les dispositions prises à son égard, il se jura à lui-même de continuer, en dépit de tout, ses relations avec les prisonniers du Temple, et il fit comme il voulait.

Il alla louer, aux alentours de la prison, une chambre aussi voisine que possible de la grande Tour; puis, profitant de ce qu'il était toujours en rapport avec Turgy, il se mit, grâce à lui, à communiquer avec la Reine et Madame Élisabeth.

Ce fut celle-ci surtout qui, moins surveillée que sa belle-sœur, dirigea cette correspondance. Tantôt elle écrivait directement à Toulan, tantôt elle lui faisait dire par Turgy ce qu'elle désirait qu'il sût. Bien entendu, on se servait plus que jamais de noms supposés, et celui de Fidèle revient souvent. C'était ainsi que les prisonnières avaient encore des nouvelles de l'extérieur.

Voici un de ces billets que Turgy nous a conservés :

« *Après souper, allez chez Fidèle, demandez-lui s'il a des nouvelles de Produse (Produse désignait le prince de Condé). S'il en a d'heureuses, la serviette sous le bras droit; s'il n'en a pas, sous le gauche. Dites-lui que nous craignons que la dénon-*

ciation ne lui ait procuré des désagréments. *Priez-le, lorsqu'il aura des nouvelles de Produse, de vous le dire; vous nous instruirez par les signes convenus*[1]. »

Mais ces moyens de communication n'étaient point encore assez rapides au gré de Toulan. Turgy ne pouvait pas sortir aussi souvent qu'il aurait fallu, et, d'autre part, en cas d'événement grave ou de nouvelle inattendue, comment correspondre aussitôt? L'intrépide Gascon imagina mieux : il sonnerait du cor, et il s'entendit avec les prisonnières pour la signification à attribuer à chacune de ses sonneries. De sa chambre, il pourrait ainsi faire pénétrer dans le Temple quelques avis plus prompts. Et avec une audace incroyable, malgré les dangers de la chose, il usa fréquemment de ce singulier moyen.

Le temps le rendait nécessaire. Jamais époque plus troublée, plus mouvementée ne se rencontre dans l'histoire de la France.

Un corps d'émigrés à l'Est, des armées étrangères sur toutes les autres frontières, des soulèvements en Vendée, dans les Cévennes, à Lyon, à Marseille, enfin dans Paris, en dehors des royalistes cachés qui s'y trouvaient, la rivalité de la

---

[1]. *Fragmens*, par Turgy, pp. 364-365.

Convention et de la Commune, et dans la Convention elle-même, la lutte entre les Girondins et les Montagnards.

Comme il arrive aux partis politiques, plus enclins à s'accuser de leurs malheurs que de leurs fautes, Montagne et Gironde se rejetaient mutuellement la responsabilité des désastres de la France. Puis chacune proposait ses remèdes, les uns violents, les autres modérés, impuissants tous deux.

Dans cette mêlée effroyable qui transforma souvent la salle des séances, établie dans le château des Tuileries depuis le 10 mai, en une arène de gladiateurs, les accusations les plus atroces s'entre-croisèrent. Les Montagnards disaient que la droite pactisait avec la Vendée, et les Girondins ripostaient, avec plus de vérité, que la gauche était d'accord avec la Commune...

On parvint à s'entendre sur un seul point, la nomination d'une commission de douze membres chargée d'examiner les actes de la Commune et de rechercher les complots tramés contre la représentation nationale (18 mai). Chaque parti espérait triompher dans l'élection de ces douze commissaires.

La Gironde l'emporta. Aussitôt la Commune qui se sentit menacée entama la lutte. Elle commença la résistance en se présentant à la Convention et en lui demandant justice de la commission des douze, qui avait fait arrêter Hébert. Puis, pour forcer la main aux représentants du peuple, elle déposa dans les sections une pétition pour la délivrance d'Hébert et la suppression des Douze. Elle appela tous les patriotes à la signer.

On ne dédaigna aucun subterfuge pour arriver à recueillir un grand nombre d'adhésions, et Lepître en faillit être victime. Sans en avoir donné connaissance à personne, on avait substitué sur la table du Conseil, où l'on plaçait d'ordinaire la feuille de présence, une autre feuille qui portait en tête : « Noms de ceux qui adhèrent à l'adresse contre les Girondins. » Le professeur, arrivant à la séance assez tard, apposa sa signature sur cette feuille, sans regarder l'inscription.

Un collègue l'avertit de son erreur; il se hâta d'aller biffer sa signature. Le lendemain on s'aperçut de la chose : là-dessus grande rumeur. Alors, avec un courage réel, dont en d'autres circonstances il n'avait guère donné de preuves, Lepître expliqua sa méprise, et maintint sa décision. Ce fut en vain qu'on le censura comme « lâche et menteur », il persista dans son refus [1].

---

1. *Quelques Souvenirs*, pp. 58-59.

Toulan ne fit point tant de façons et signa résolument la pétition.

A quels mobiles faut-il attribuer un pareil acte, qui semble, au premier abord, si fort en contradiction avec la conduite et les nouvelles mœurs de cet homme? Supposer que dans le même moment où Lepître devenait brave, Toulan serait devenu lâche, ce n'est guère admissible, et l'existence passée du Gascon comme son existence postérieure s'inscrivent en faux contre une pareille hypothèse. Lui prêter l'intention machiavélique de pousser au désordre et à la confusion, de contribuer à jeter les partis l'un sur l'autre, et de trouver, à la faveur de ces troubles, un moyen de tenter à nouveau le salut de la Reine, ce serait, selon nous, exagérer beaucoup le rôle que Toulan pouvait ambitionner, et surtout, en regard des difficultés subsistantes pour une évasion de Marie-Antoinette, méconnaître son intelligence pratique et la netteté de ses vues. Croire qu'en poursuivant les Girondins, il commençait la vengeance contre les régicides est une opinion qui doit être écartée plus vite encore. Toulan n'a jamais eu pour Louis XVI de dévouement actif. L'homme du Dix Août ne devait point chercher à venger de la sorte, d'une façon aussi détournée et aussi prévoyante, pourrait-on dire, la journée du 21 janvier.

Maintenant a-t-il cru trouver dans cet étalage de civisme farouche le moyen de détruire les derniers vestiges des accusations portées contre lui, de reconquérir sa réputation de révolutionnaire ardent, et par là de reprendre au Temple et près des prisonnières, la place que son imprudence et les dénonciations lui avaient fait perdre, c'est possible assurément, et la chose ne serait contraire ni au tempérament ni aux goûts de ce profond railleur, si habile à la dissimulation? Toutefois il est bon de rappeler que la Commune avait ses suspects et que cette qualification ne se perdait guère. Toulan était trop perspicace pour s'imaginer ramener aussi vite et convaincre un Arthur, un Lèchenard, et la majorité de collègues non moins soupçonneux que ceux-là.

Ce qui, après mûres réflexions, paraît le plus plausible et le plus simple au fond, c'est que le Gascon, resté républicain dans ses principes, malgré son dévouement à une femme, malgré sa sympathie active pour le malheur, le Gascon retrouva, à cette occasion, le vieux levain jacobin qui n'était jamais mort en lui; et dans une question où le salut de Marie-Antoinette n'était plus en jeu, où son cœur n'avait plus à se battre contre ses opinions, il redevint ce qu'il avait toujours été, le patriote républicain qui ne veut pas des

Girondins, les hommes de la désagrégation de la France, et qui poursuit en eux les destructeurs de la République une et indivisible.

Et ce qui tend à corroborer cette opinion, c'est qu'il ne se contenta point de signer la pétition ; il accepta d'aller, avec plusieurs de ses collègues, dans la banlieue de Paris, pour inviter les communes environnantes à s'unir à la municipalité de la capitale, pour ne faire avec elle qu'un tout d'opinion, et briser ainsi les résistances. Il remplit avec zèle cette mission, et plus tard il put invoquer le témoignage de ses compagnons[1].

Après deux journées d'émeutes, le 31 mai et le 2 juin, la Convention, envahie par la populace, céda à la force. La Montagne décréta l'arrestation de deux ministres et de trente et un députés du parti de la Gironde ou favorables à ses idées. La Commune avait triomphé.

Si Toulan avait eu la pensée de rentrer en grâce auprès de ses collègues par son attitude énergiquement révolutionnaire, il eût été profondément déçu dans cette espérance, car, malgré sa victoire, la Commune n'oublia rien et ne lui rendit point sa confiance. Il dut, tout en assistant à ses délibérations, retourner à son cor de chasse pour communiquer avec le Temple...

[1]. Archives nationales, W. 400, n° 927.

C'est vers cette époque qu'eut lieu la seconde tentative d'évasion de Marie-Antoinette, tentative mystérieuse dans sa conception, dans son exécution, et plus mystérieuse encore dans l'invraisemblable hasard qui la fit échouer[1]. Le baron de Batz, le municipal Michonis et l'épicier Cortey en furent les principaux auteurs; Toulan n'y fut point mêlé : il ne semble même avoir connu le dévouement de Michonis à la Reine que quelques semaines plus tard.

1. Le récit de cette conspiration se trouvera dans le volume intitulé : « *Pour sauver la Reine.* »

CHAPITRE III

Prophéties. — *Mirabilis Liber.* — Louis XVII séparé de sa mère. — Toulan informé de tout par les billets de Madame Élisabeth. — Tentative officielle de délivrance. — Maret et Sémonville. — Politique de l'Autriche. — M. de Thugut. — Arrestation des plénipotentiaires. — Exaspération populaire. — Revers en Vendée. — Reddition de Mayence et de Valenciennes. — Disette. — Renouvellement du Comité de Salut Public. — Marie-Antoinette, renvoyée devant le Tribunal révolutionnaire, est transférée à la Conciergerie. — Toulan et Michonis. — Le chevalier de Rougeville. — Réélection du Conseil de la Commune. — Toulan ni Lepitre ne sont réélus.

Le goût du surnaturel est inné parmi les masses. Dans les temps de calamité, on rêve de bonheurs inouïs ; dans les jours d'oppression, de délivrances extraordinaires. Cela convient si bien à ce double sentiment d'espérance d'une part, et d'autre part, d'impuissance où l'on est d'attendre de soi seul la réalisation de cette espérance.

Dans cette année 1793, les esprits crédules, — et ils furent nombreux, — ne manquèrent point à la tradition. On fit alors circuler une prétendue prophétie, attribuée, sans aucun motif d'ailleurs, à saint Césaire, évêque d'Arles, et confondue avec beaucoup d'autres visions, dans un recueil intitulé : *Mirabilis Liber*. Ce grimoire, imprimé au commencement du xvie siècle, attirait à la Bibliothèque une foule de curieux qui y recherchaient les prédictions pouvant s'appliquer aux principaux événements de la Révolution française. La chose était aisée, car, comme tous les recueils de ce genre, celui-ci était écrit dans un latin bizarre, et avec cette absence de précision, ce vague dans les termes qui est le propre du langage prophétique. Bien des interprétations étaient possibles, de telle sorte que la véritable prophétie venait moins du prophète que de son traducteur.

On rencontrait dans le texte du *Mirabilis Liber* cette phrase : « *Juvenis captivatus qui recuperabit coronam Lilii... fundatus, destruet filios Bruti* », qu'on peut ainsi traduire : « Le jeune captif qui recouvrera la couronne du Lis, une fois installé, détruira les fils de Brutus. » On l'expliquait de cette façon : le jeune Louis XVII remontera un jour sur le trône de son père, et alors il anéantira la Révolution et les révolutionnaires.

Cette croyance commençait à se répandre et

bien des gens, effrayés des fureurs de la Révolution, reprenaient espoir dans la pensée du triomphe prédit par saint Césaire au *juvenis captivatus*, lorsque le Comité de Salut Public éprouva le besoin de barrer la route à ce mouvement d'opinion en combattant la prophétie par les moyens violents. Il prit la décision suivante : « Le Comité de Salut Public arrête que le fils de Capet sera séparé de sa mère. »

Et comme les « fils de Brutus » avaient pour eux la loi, à défaut des prophètes, le 3 juillet, l'arrêté fut signifié à la Reine par les municipaux de service. Il était dix heures du soir et l'enfant était couché. Aux premiers mots, la Reine se précipite vers le petit lit et de ses bras fait à son fils un rempart contre ces gens qui viennent le lui ravir. Ils commandent, elle pleure; ils menacent, elle se révolte. Ils ont recours à la force : — « Mais tuez-moi donc! Tuez-moi donc d'abord! » s'écrie-t-elle...

Enfin, au bout d'une heure de ce débat, la force triomphe et l'emporte sur l'amour maternel. Le petit roi est enlevé à sa mère; il va être confié à Simon. Le *Mirabilis Liber* n'a servi qu'à causer à Marie-Antoinette une douleur nouvelle et une douleur immense, qu'il n'a point prévue...

Ce n'est pas tout : la Commune, mise en éveil,

fait élever le mur d'enceinte, ajoute des verrous aux portes, place des jalousies aux fenêtres. A peine si la mère peut apercevoir son fils quelques instants, chaque jour, par une petite fente dans les cloisons de la plate-forme de la Tour, ou par une lucarne percée dans l'escalier de la garde-robe.

Ce sont ses seuls bonheurs, sa seule consolation dans son infortune. Elle désire y associer ses amis, et, comme parmi eux Toulan est resté au premier rang, elle tient à ce qu'il en soit informé.

« *Donnez à Fidèle ce billet de notre part*, écrit Madame Élisabeth à Turgy. *Dites-lui, ma sœur a voulu que vous le sachiez, que nous voyons tous les jours le petit par la fenêtre de l'escalier de la garde-robe ; mais que cela ne vous empêche pas de nous en donner des nouvelles*[1]. »

Bientôt cette recommandation se changera en un ordre contraire. A mesure que Simon torturera le malheureux enfant, Madame Élisabeth voudra épargner à sa sœur ce surcroît de douleur, et c'est elle qui demandera à tous ceux qui les entourent de garder le silence sur les procédés d'éducation du cordonnier, devenu le précepteur

---

1. *Fragmens*, par Turgy, p. 374.

du petit prince. Marie-Antoinette en savait ou en soupçonnait bien assez...

Les prisonnières cherchaient à apprendre ce qui se passait au dehors : le soulèvement victorieux de la Vendée et la marche des armées de la coalition leur redonnaient par instants de fugitives espérances. Mais il était difficile, avec les événements qui se succédaient rapidement et les nouveaux personnages qu'ils mettaient au jour, de tenir au courant les princesses.

« *Pour Fidèle, un billet. Où commande ce monsieur ? Lorsque vous me parlez d'un nouveau nom, dites-moi où il habite, car je ne connais pas un de ces messieurs-là...* » écrivait Madame Élisabeth à Turgy[1].

Quelques jours plus tard, elle le chargeait de remercier Toulan.

« *Dites à Fidèle combien nous sommes touchées de son dernier billet. Nous n'avions pas besoin de cette assurance pour compter bien et toujours sur lui. Les signaux sont bons ; nous dirons seulement :* « *Aux armes, citoyens!* » *en cas que l'on pense à nous réunir, mais nous craignons bien que ce genre de précautions ne soit pas nécessaire*[2]. »

Bien que la situation de la Reine et des autres

---

1. *Fragmens*, p. 375.
2. *Ibid.*, p. 375.

prisonniers du Temple semblât, à ce moment-là, plus que compromise, presque perdue, il n'en est pas moins vrai que dans ce même mois de juillet, si la cour d'Autriche l'avait voulu, Marie-Antoinette aurait pu être sauvée.

Cette question, jadis obscure, est aujourd'hui élucidée par des documents nouveaux de la plus haute importance. Il est bon d'en dire ici quelques mots.

Tandis que la Commune s'acharnait contre ses victimes, ceux qui menaient le mouvement révolutionnaire n'étaient pas sans inquiétude aussi bien sur les destinées futures de la France et de la République que sur leur sort individuel. En dehors du sentiment d'humanité qui poussait ces hommes, moins cruels ou moins aveugles, à épargner ce qui restait du sang et de la famille royale, il y avait aussi un puissant mobile politique à user de miséricorde.

C'était le moyen de conserver à la République française ses derniers alliés, le moyen de lui faciliter une paix honorable et, peut-être, de la sauver de la destruction. L'Europe, qui, suivant eux, ne faisait la guerre que pour délivrer la Reine, l'Europe désarmerait et laisserait librement la France achever et consolider les conquêtes de la Révolution.

Cette pensée était alors dans l'esprit de bien des gens. De là ces projets, la plupart restés à l'état vague et qui témoignent d'une sollicitude, malheureusement restée stérile.

Danton eut-il le désir de sauver Marie-Antoinette, et de racheter ses complaisances coupables par cet acte de générosité et de politique? S'il faut en croire le fils du conventionnel Courtois, son père en eut l'idée, à laquelle s'associa Danton. Tous deux songèrent à faire évader la Reine... La chose est possible, bien que peu vraisemblable. En tout cas, elle ne repose sur aucune autre preuve que l'affirmation de ce Courtois.

Ce qui est plus sérieux, c'est une tentative presque officielle, faite en juillet 1793 et sur laquelle un homme, qui y fut initié officiellement et qui y joua le premier rôle, a laissé des mémoires qui ne permettent pas le moindre doute. Cet homme, c'est Maret, celui que, plus tard, Napoléon, créa duc de Bassano, et qui devint ministre de la guerre et ministre des affaires étrangères.

Voici son témoignage :

« La Révolution prenait un cruel essor; cependant il y avait encore au pouvoir des hommes qui ne s'abusaient pas sur l'avenir, s'en épouvantaient et étaient capables de se dévouer pour tenter de sauver ce qui restait de si précieux dans le grand naufrage. La plus saine partie du gouvernement s'entendit pour faire une démarche auprès des seules puissances encore en état d'alliance avec la République. C'étaient Venise, Florence et Naples. Les républicains tenaient à ne pas être désavoués par le monde entier. On se crut assuré que si les trois États que je viens de nommer mettaient pour condition à la continuation de leur alliance la sûreté de la Reine et de sa famille, elle ne leur serait pas refusée. Le projet fut arrêté, les instructions dressées, et je fus chargé de leur exécution... On chargea M. de Sémonville de concourir avec moi aux négociations qui devaient commencer par Venise, Florence et que je terminerais à Naples... Je rencontrai M. de Sémonville à Genève... »

Mais les missions des deux plénipotentiaires gênaient trop les plans secrets de la cour d'Autriche. Déjà une première fois, alors qu'on proposait l'échange de la famille royale contre les quatre conventionnels livrés au prince de Cobourg par Dumouriez, la diplomatie autrichienne s'était arrangée pour laisser sans réponse ces propositions[1]; cette fois encore le salut de Marie-

---

1. *Le Comte de Fersen et la cour de France*, t. II, pp. 71-75.

Antoinette passa après les intérêts de la cour d'Autriche. Bien plus, celle-ci ne songeait qu'à profiter des malheurs de cette princesse pour satisfaire son désir de conquêtes en France; M. de Thugut craignit pour sa politique la liberté de la Reine et de Louis XVII. Comment, s'ils étaient sauvés, les dépouiller des plus belles provinces de leur royaume?

Au mépris du droit des gens, il fit arrêter Maret et Sémonville à Novale, sur le territoire neutre des Grisons. Ils furent conduits dans la prison de Gravedona, puis de là à Mantoue, où ils arrivèrent le 24 juillet 1793, à six heures du matin.

Leur captivité ne cessa qu'en 1795. A cette époque, la Reine, Madame Élisabeth, le petit roi Louis XVII étaient morts. Leur liberté ne pouvait plus nuire à la politique de François II et de son ministre, M. de Thugut.

L'occasion manquée ne se retrouva pas. A l'insulte faite à la France dans la personne de ses envoyés, se joignirent bientôt les plus affreux revers, qui mirent à son comble l'exaspération universelle.

Chaque jour apportait son contingent de mauvaises nouvelles ; c'étaient les républicains rejetés au delà de la Loire par les bandes vendéennes (17 juillet); c'était Mayence qui se rendait (25 juillet); c'était Valenciennes qui capitulait (28 juillet); c'était enfin dans la France entière et surtout dans Paris la disette la plus affreuse avec la misère la plus complète. Les assignats étaient réduits au sixième de leur valeur.

La Révolution ne se laissa point abattre sous tant de coups. Elle résolut de tenter un suprême effort qui pût la sauver, et comme toujours elle eut recours à la terreur.

Le 1ᵉʳ août, Barère se présenta à la tribune de la Convention et fit un rapport sur la conjuration de l'Europe contre la liberté française; une des conclusions de ce rapport était le renvoi de Marie-Antoinette devant le Tribunal révolutionnaire...

Votée par la Convention, cette mesure fut immédiatement signifiée par les soins de la Commune, et, dès le lendemain, 2 août, la Reine était transférée à la Conciergerie, « cette antichambre de la mort ».

Le désespoir et les cris qui avaient marqué chez elle la douleur qu'elle éprouvait d'être séparée de son fils, ne se renouvelèrent pas devant ce nouvel outrage. Il y avait quelque chose de brisé dans son cœur...

Elle était aussi fort malade, et divers renseignements laissés par des témoins véridiques en fournissent des preuves irrécusables. L'énergie morale survivait à l'énergie physique, mais farouche, mais silencieuse.

Madame Élisabeth et Marie-Thérèse, restées seules au Temple, à un étage supérieur à celui où était enfermé Louis XVII, cherchèrent à avoir des nouvelles de la Reine. A qui, si ce n'est à Toulan, devaient-elles s'adresser?

C'est à ce moment qu'on dut le mettre dans la confidence des sentiments secrets d'un homme aussi courageux qu'il l'était lui-même, aussi dévoué et sinon plus, au moins aussi habile et aussi maître de lui, son collègue Michonis.

Cet officier municipal qui avait tenté une première fois de faire évader la Reine avait su, jusqu'à ce jour, échapper à tous les soupçons. Il était fréquemment de garde auprès de la prisonnière, et son civisme connu, établi, indiscuté, lui permettait de pénétrer presque quotidiennement dans la prison, sans même éveiller l'attention.

Sa fidélité était pour Madame Élisabeth une garantie que la Reine n'aurait pas à subir de trop mauvais traitements à la Conciergerie. Sa préoccupation fut donc de savoir si des collègues grossiers ou hostiles ne l'empêchaient pas de donner libre carrière à ses sentiments de pitié et de commisération.

Elle écrivit à Turgy :

« ... *Pour Fidèle, demandez-lui si Michonis voit ma sœur, et s'il n'y a que Michonis pour la garder*[1]. »

Toulan rassura Madame Élisabeth, autant que le comportait la situation.

Michonis, en effet, malgré tout son zèle, et il était grand, Michonis ne pouvait rien ouvertement en faveur de la prisonnière. Quant à essayer de la soustraire par la fuite à la mort qui l'attendait, c'était un projet bien autrement difficile, bien autrement chanceux et, pour tout dire, bien autrement irréalisable que celui de Toulan et de Jarjayes, ou même que sa première tentative au Temple avec Cortey et le baron de Batz.

Il l'essaya pourtant ; le chevalier de Rougeville était son complice. Mais tout se découvrit dès la première entrevue de ce dernier avec la Reine. Rougeville se sauva ; on arrêta Michonis. Cette aventure, connue sous le nom de « conspiration de l'œillet », fut la dernière. Le cercle fatal se resserrait autour de la Reine, et la rage de ses ennemis croissait en même temps que l'impuissance de ses amis.

Le 7 août, de nouvelles élections eurent lieu.

---

1. *Fragmens*, par Turgy, p. 376.

Les dénonciations d'Arthur, de Lèchenard et des Tison produisirent leur effet. Ni Toulan ni Lepître ne furent réélus.

Cette exclusion était un avertissement. Devenus suspects, les deux ex-commissaires avaient tout à craindre : ils restèrent cependant à Paris et y vécurent sans être inquiétés jusqu'aux premiers jours d'octobre.

A ce moment, tout changea.

CHAPITRE IV

Toulan est arrêté le 7 octobre. — Son sang-froid. — Il s'évade.
— Le 8 octobre. — Arrestation de Lepitre. — Sainte-Pélagie.
— Procès de la Reine, 14-16 octobre. — Lepitre témoin. —
Sa déposition. — Arrestation de Mme de Jarjayes. — Condamnation et exécution de Marie-Antoinette (16 octobre).

Le lundi 7 octobre au matin, Toulan marchait dans les rues de Paris, lorsqu'il fut accosté par un groupe de gens. Parmi eux, il reconnut quelques-uns de ses amis. On se mit à causer, et Toulan apprit ainsi qu'à la veille du procès de la Reine, l'attention de la Commune avait été ramenée sur tous ceux qui, à une époque quelconque, avaient semblé donner à la prisonnière des marques de dévouement ou de respect, et qu'afin d'assurer son autorité par le châtiment des coupables, la Commune avait décidé de faire arrêter ces personnes suspectes. Ils ajoutèrent que Toulan était de ce nombre, qu'il avait été tout spécialement désigné, et qu'eux-mêmes se trouvaient en ce moment chargés de le mettre en état d'arrestation.

A ces nouvelles, assez surprenantes même à cette époque, le Gascon ne se troubla pas. Il comprit le danger, et aussitôt il envisagea avec le plus grand sang-froid le moyen d'y échapper.

Ceux qui venaient l'arrêter n'étaient point tous des forcenés; quelques-uns, au fond de leur cœur, ne tenaient que fort peu à accomplir leur mandat, certains même n'y tenaient pas du tout. Il avait en eux des complices inconscients ; il résolut de gagner du temps, de voir, d'examiner et de profiter d'un hasard heureux, s'il s'en rencontrait ou s'il en pouvait faire naître.

En conséquence, il feignit une grande soumission à leurs ordres. Il leur dit toutefois qu'ayant été arrêté ainsi à l'improviste, dans la rue, il se trouverait privé des effets qui lui seraient nécessaires, en cas que sa captivité durât quelque temps, et il leur demanda la permission d'aller les prendre chez lui; ils n'avaient qu'à l'accompagner : de la sorte, il serait toujours à leur disposition.

Il ajouta qu'il avait à son bureau des papiers importants, qu'il serait bon qu'on y apposât les scellés, en sa présence, avant de le conduire en prison. La demande était trop juste, ils y acquiescèrent, et les voilà partis pour la rue du Monceau-Saint-Gervais...

Chemin faisant, la troupe rencontre Ricard. Aussitôt que Toulan aperçoit son ami, qui est en même temps son employé, il l'invite à l'accompagner. Il pourra être utile, pour ranger les papiers relatifs à leurs affaires et aider à la pose des scellés. Il accepte. Toulan, d'un signe, l'a averti, et Ricard, fin et perspicace comme son chef, a compris.

Ils arrivent au domicile de l'ancien commissaire, et les voilà qui se mettent à fouiller les cartons, à examiner les dossiers, à dresser des procès-verbaux ; ils causent tous ensemble, et le bruit va grandissant.

C'est le moment espéré par Toulan. Il feint de vouloir se laver les mains, il passe dans un cabinet voisin, et lâche un robinet d'eau. Tandis que l'eau coule de la fontaine, il entr'ouvre doucement une porte qui donne sur un escalier dérobé, et s'évade le plus tranquillement du monde.

Ricard, au courant du logis, a deviné le mouvement ; il s'aperçoit qu'il réussit, il veut couvrir la retraite. Il anime la conversation, il discute, il entame une contestation, au sujet de papiers qu'il veut se faire remettre ; on refuse, il insiste.

L'eau qui coule toujours, le bruit qui s'élève détournent l'attention des commissaires, les trompent, si bien que lorsqu'ils repensent à leur prisonnier, ils ne le voient plus. Ils le cherchent : personne. Toulan est déjà loin[1]...

Les commissaires n'ont plus qu'à s'en aller : ils se retirent, penauds. Pas tous, cependant. Il est à peu près certain que quelques-uns d'entre eux facilitèrent la ruse de Toulan, et lui permirent de s'évader. Il existait contre lui des charges trop fortes pour qu'on pût le sauver, si son arrestation était maintenue. Or la Commune commençait dès ce moment à rivaliser avec la Convention sur un point : elle voulait décimer celle-ci à son gré et ne souffrait guère que l'on portât la moindre atteinte à son propre pouvoir, en osant sacrifier

---

1. *Mémoires historiques sur Louis XVII*, par ECKARD, pp. 127 et suiv. Eckard, d'ordinaire bien informé, place cette arrestation et cette évasion de Toulan immédiatement après la dénonciation des Tison. Il ajoute : « Quoique obligé de se tenir caché, Toulan continua de rendre des services à la famille royale, ainsi qu'on le voit dans les *Fragmens* de Turgy, mais au mois d'octobre 1793, des avis le forcèrent à sortir de Paris. » — Eckard tombe là dans une erreur manifeste. On a vu que, même après la dénonciation des Tison, Toulan continua jusqu'au 7 août ses fonctions de membre de la Commune, sauf le service du Temple. Donc il ne resta pas caché. De plus, lui-même, dans son interrogatoire à Bordeaux, déclare que cette tentative d'arrestation eut lieu au commencement d'octobre, et il ajoute qu'il est parti de Paris le 7 octobre à dix heures du matin, parce qu'on était venu l'arrêter.

quelques-uns de ses membres[1]. Toulan profita de ces bonnes dispositions, passagères d'ailleurs...

Le 7 octobre, peut-être en apprenant ces faits, Lepître, soupant avec sa femme, lui dit :

— Si l'on voulait m'incarcérer, je demanderais que l'on me conduisît à Sainte-Pélagie ; j'y trouverais du moins des personnes que je connais, et je ne m'ennuierais pas autant que dans une autre prison...

Le lendemain, à six heures du matin, un membre du comité révolutionnaire se présenta rue Saint-Jacques, et signifia au professeur l'ordre de le suivre à Sainte-Pélagie, — ce qui eut lieu sur-le-champ.

Lepître se consolait presque de sa mésaventure par la satisfaction de s'être montré si perspicace, quand, arrivé à la prison, il fut mis au secret. Ce n'est point ce qu'il avait rêvé, et cela le déconcerta quelque peu. Toutefois il ne perdit pas complètement courage, et il attendit les événements en préparant sa justification...

Ces diverses mesures avaient été motivées par le procès de la Reine, fixé après maints renvois et maintes hésitations au 14 octobre.

De l'interrogatoire et des débats, on ne men-

---

1. *Quelques Souvenirs*, par Lepître, p. 70.

tionnera ici que ce qui a trait au complot Toulan-Jarjayes; le récit détaillé trouvera sa place ailleurs.

Le manque, sinon de preuves, du moins de pièces, contre la Reine, avait été la cause du retard apporté à sa comparution devant le Tribunal révolutionnaire. Hébert songea à combler cette lacune, et le dimanche 6 octobre, veille du jour où l'on essayait d'arrêter Toulan, il se transporta au Temple, et arracha à la faiblesse et à l'ignorance du petit Louis XVII une série de déclarations, dont les unes, monstrueusement infâmes, étaient fausses et mensongères, et les autres vraies. Celles-ci, en bonne justice, étaient, en réalité, de nulle importance et insuffisantes pour motiver une condamnation.

On les trouve ainsi formulées dans le procès-verbal de l'interrogatoire : « Il (Louis XVII) nous a déclaré que l'hiver dernier, pendant qu'il habitait l'appartement de ses mère, tante et sœur, un particulier, nommé Dangé, étant de garde auprès d'eux en qualité de commissaire du Conseil, un jour qu'il l'accompagnait à la promenade sur la plate-forme de la tour, il le prit dans ses bras, l'embrassa et lui dit : « Je voudrais bien vous voir à la place de votre père.... »

« Nous a déclaré pareillement qu'un autre particulier, nommé Toulan, étant aussi de garde à la tour à la même époque, lesdites femmes l'enfermèrent, lui déclarant, avec sa sœur, dans une des tourelles, pendant une heure et demie, un peu avant que l'on allumât la chandelle, et que, pendant ce temps, il[1] s'est entretenu avec lesdites femmes, et qu'il n'entendit pas le sujet de leur conversation; que, dans une autre circonstance, il entendit dire par ledit Toulan à sa mère et à sa tante que, tous les soirs, il enverrait, aux environs du Temple, un colporteur, à dix heures et demie du soir, pour lui faire crier toutes les nouvelles qui pouvaient les intéresser, que, par suite de cette promesse, il s'aperçut que lesdites femmes, un soir, ne se couchèrent qu'à onze heures passées, et montrèrent de l'humeur de n'avoir point entendu les cris accoutumés dudit colporteur; il a déclaré encore que quatre particuliers nommés Lepître, Bruneau, Toulan et Vincent, pendant la durée de leur service dans les appartements, avaient coutume d'approcher lesdites femmes et de tenir des conversations avec elles à voix basse.... [2]. »

Malgré cette dénonciation, Lepître ne figura point au procès comme accusé; on voulait juger

---

[1]. Toulan.
[2]. Archives nationales. W 296 n° 261. Pièce déposée dans l'armoire de fer.

la Reine seule, et, par une machiavélique prévoyance, on espérait la voir charger par ses anciens complices, qu'on supposait désireux de sauver leur tête en accablant Marie-Antoinette. Lepitre ne parut donc devant le Tribunal, ce jour-là, que comme simple témoin. On réservait son procès pour plus tard.

Il avait pris le parti de nier tout, et, comme devant Hébert, quelques mois auparavant, ce procédé lui réussit.

Il déposa avoir vu l'accusée au Temple, lorsqu'il y faisait son service en qualité de commissaire notable de la municipalité provisoire ; mais n'avoir jamais eu d'entretien particulier avec elle, ni lui avoir jamais adressé la parole en l'absence de ses collègues.

— Ne lui avez-vous pas quelquefois parlé politique? lui demanda le président.

— Jamais, répondit-il.

— Ne lui avez-vous pas procuré les moyens de savoir des nouvelles, en envoyant tous les jours un colporteur crier le journal du soir près la tour du Temple?

— Non.

Le président, s'adressant à l'accusée : — Avez-vous quelques observations à faire sur la déclaration du témoin?

L'accusée : — Je n'ai jamais eu de conversation avec le témoin ; d'un autre côté, je n'avais pas besoin que l'on engageât les colporteurs à venir près de la tour, je les entendais assez tous les jours, lorsqu'ils passaient rue de la Corderie...[1].

On montra encore à Lepître quelques louis, les portraits en miniature des princesses de Hesse et de Mecklembourg, amies d'enfance de la Reine, en lui demandant s'il les avait vus. Il affecta de ne les point reconnaître, quoique la Reine les lui eût montrés plusieurs fois. Ce fut tout ; l'on se contenta de cet interrogatoire de douze minutes, et Lepître fut reconduit à Sainte-Pélagie[2].

Bien que Toulan fût absent, son nom revint à plusieurs reprises dans les dépositions de divers témoins.

Hébert se rappela l'incident du chapeau : « Une autre fois il trouva, dans la chambre de Madame Élisabeth, un chapeau qui fut reconnu pour avoir appartenu à Louis Capet. Cette découverte ne lui permit plus de douter qu'il existât, parmi ses collègues, quelques hommes dans le cas de se dégrader au point de servir la tyrannie. Il se rappelle que Toulan était entré un jour avec

1. *Histoire parlementaire de la Révolution française*, par Buchez et Roux, t. XXIV, pp. 376-377.
2. *Quelques Souvenirs*, par Lepître, p. 64.

son chapeau dans la tour, et qu'il en était sorti nu-tête, en disant qu'il l'avait perdu...[1] »

Jean-François Mathey, concierge de la tour du Temple, déposa :

« J'ai même un jour entendu Toulan dire à l'accusée, à l'occasion des nouvelles élections faites pour l'organisation de la municipalité définitive : « Madame, je ne suis point renommé, parce que je suis Gascon. »

Le témoin a remarqué également que Lepître et Toulan venaient souvent ensemble, qu'ils montaient tout de suite en disant : « Montons toujours ; nous attendrons nos collègues là-haut. »

Le Président à Marie-Antoinette :

— N'avez-vous point donné une boîte d'or à Toulan?

— Non ; ni à Toulan, ni à d'autres.

Hébert intervint alors : un officier de paix est venu lui apporter, au parquet de la Commune, une dénonciation signée de deux commis du bureau des impositions[2], dont Toulan était chef, qui annonçait[3] ce fait de la manière la plus claire, en prouvant qu'il s'en était vanté lui-même dans le bureau[4]...

---

1. *Les Crimes de Marie-Antoinette*, par L. Prudhomme, p. 408.
2. Il veut dire sans doute : du bureau des Biens des émigrés.
3. Il veut dire sans doute : énonçait.
4. *Les Crimes de Marie-Antoinette*, par L. Prudhomme, p. 509.

Ces dépositions tendaient à établir les intelligences de la Reine avec Toulan. On y insista peu alors, car on pouvait difficilement en faire un crime à la prisonnière. On devait s'en servir plus tard contre Toulan.

Le malheur de la Reine voulait en effet qu'elle fût fatale à tous ses amis, et son procès ne devait pas se terminer sans en fournir une nouvelle preuve.

On se rappelle que Marie-Antoinette, en confiant au chevalier de Jarjayes une mission hors de France, lui avait écrit qu'elle gardait sa femme, mais qu'elle prenait « l'engagement formel de la lui rendre, si cela était possible ». Restriction trop nécessaire : la reine de France ne pouvait plus tenir ses engagements formels...

Mme de Jarjayes était restée à Paris.

Le 15 octobre, le procès se termina ; l'accusée, reconnue coupable à l'unanimité, était condamnée à mort.

Marie-Antoinette voulut témoigner à Mme de Jarjayes son affection profonde, et faire parvenir à cette courageuse femme une dernière preuve de sa reconnaissance. Avant de quitter le prétoire, elle chargea un de ses défenseurs, Tronson du Coudray, de lui remettre les deux anneaux d'or qu'elle portait aux oreilles, et une mèche de ses cheveux.

La Commune soupçonneuse se défiait même des défenseurs désignés par elle aux accusés. Tronson du Coudray fut fouillé à la sortie. On trouva sur lui ces objets. Le papier qui les renfermait portait comme suscription le nom de Mme de Jarjayes. Immédiatement celle-ci fut arrêtée et mise à la Force[1]...

La Reine avait été ramenée à la Conciergerie. Le lendemain, 16 octobre, à midi, elle monta sur l'échafaud....

---

[1]. *Précis*, par le baron DE GOGUELAT, p. 82.

CHAPITRE V

Toulan quitte Paris le 7 octobre. — Neuilly-sur-Marne. — Passeport antidaté. — Il rentre dans Paris. — Signaux. — Son imprudence. — Recommandation de Madame Élisabeth. — Entrevue avec Turgy. — Dernier billet de Toulan. — Dernière réponse qui ne lui parvient pas. — Fuite de Paris. — Corbeil. — Le coche d'Auxerre. — La Charité. — Toulouse.

Tandis que ces graves événements s'accomplissaient, que devenait Toulan?

Échappé, grâce à son audace inouïe et grâce à un concours heureux de circonstances, aux gens qui venaient l'arrêter, il avait compris cette fois que le séjour de Paris devenait pour lui excessivement dangereux. Il ne se trouverait pas toujours dans une situation aussi favorable, et s'il était arrêté de nouveau, il lui serait impossible de se soustraire à une condamnation, autant valait dire à la mort.

La plus vulgaire prudence le forçait à partir.

Il n'hésita plus, et dès dix heures du matin, le 7 octobre, le jour même de son arrestation manquée, il se rendit à Neuilly-sur-Marne, auprès d'un ami. Un passeport, à cette époque, était chose nécessaire pour n'être point traité en suspect, c'est-à-dire incarcéré; il espéra en trouver un dans cette localité.

L'ami auquel il s'adressa réussit au delà de toute espérance. Il rapporta à Toulan la pièce suivante :

AU NOM DE LA RÉPUBLIQUE UNE ET INDIVISIBLE

MUNICIPALITÉ DE NEUILLY-SUR-MARNE.

« Nous, maire et officiers municipaux de la commune de Neuilly-sur-Marne, district de Gonesse, département de Seine-et-Oise, certifions que le citoyen François Toulan, natif de Toulouse, département de la Haute-Garonne, âgé de trente-trois ans, taille cinq pieds, yeux châtains, visage ordinaire, front plein, bouche moyenne, et nez écrasé, est bien certainement domicilié propriétaire de cette commune, où il vit retiré depuis environ un an, qu'il est excellent citoyen, en ayant donné des preuves tant à Paris qu'ici, et qu'il nous a déclaré vouloir aller pour affaires dans le lieu de sa naissance, passant par Auxerre, Moulins, Clermont, Rhodez, etc., pour assister au partage d'une succession dans laquelle il est intéressé, ce qu'il nous a prouvé par lettres de ce pays : c'est pourquoi nous prions tous nos frères des départements sur sa route, et autres, de le laisser librement passer, lui prêter au besoin aide et assistance comme il le mérite et comme nous ferions sur leur recommandation.

Fait en notre Maison commune le sixième jour du mois d'octobre, de l'an 2ᵉ de la République française une et indivisible.

> BLANCPAIN, officier municipal. (Un nom illisible.)
> HESSON, maire; CAMPION, officier; BENOIT, DULION.

Vu bon par nous, administrateurs du directoire des Districts de Gonesse, le sept octobre de l'an deuxième de la République française.

> BAUDOUIN, BRAYER, LAURENT[1].

Toutes les énonciations de ce document étaient fausses, sauf le nom et le signalement du porteur. Toulan n'avait jamais été propriétaire à Neuilly-sur-Marne, encore moins domicilié, surtout depuis une année. Le prétexte d'une succession à partager était peut-être vrai, bien qu'on ait lieu de croire que cet héritage concernait sa sœur et non lui.

L'ami avait fait antidater le passeport : de la sorte il était censé avoir passé la journée du 6 à Neuilly-sur-Marne, cela lui permettait à l'occasion de nier qu'il connût le mandat d'arrêt décerné contre lui.

Ces précautions prises, Toulan attendit. Il lui en coûtait vraiment de quitter Paris, et les êtres

---

1. Cette pièce, ainsi que les suivantes, sont extraites du dossier de Toulan. Archives nationales, W. 400, nº 927.

chers qu'il y laissait, les siens d'abord et ceux qu'il avait fait siens par son dévouement et son affection. Il ne pouvait se décider à s'éloigner...

Au bout de trois jours, n'ayant pas été inquiété, rassuré par cette inaction de la police, il partit; mais, au lieu de fuir le danger, il se dirigea vers Paris. Fût-ce pour braver encore des autorités dont il s'était si aisément et si souvent joué, fût-ce pour correspondre une dernière fois avec les prisonniers qu'il allait abandonner pour toujours, fût-ce pour ces motifs réunis, il ne résista pas au plaisir d'accomplir cette terrible imprudence.

Rentré dans Paris, il ne se cacha guère. Il courut à sa chambre, dans le voisinage du Temple, et là, reprenant son cor, il envoya à Madame Élisabeth les signaux convenus, avec une telle fureur de hardiesse qu'il en effraya la prisonnière.

Elle dépêcha aussitôt Turgy vers lui, Turgy prêt à être renvoyé du Temple par la Commune, et qui venait de lui annoncer l'imminence de cette mesure :

« 11 octobre 1793, 2 heures un quart.

« *Je suis bien affligée. Ménagez-vous pour le temps que nous serons plus heureux, et où nous* pourrons vous récompenser; emportez la consolation d'avoir bien servi de bons et malheureux maîtres. Recommandez à Fidèle de ne pas trop se hasarder pour nos signaux. Si le hasard vous fait voir Mme Mallemain, dites-lui de mes nouvelles et que je pense à elle. Adieu, honnête homme et fidèle sujet [1]. »

Sans perdre de temps, Turgy alla trouver Toulan. Celui-ci lui raconta les incidents des derniers jours et lui remit pour Madame Élisabeth un billet contenant, outre le récit de son arrestation et de sa fuite, la suprême expression de son dévouement et de sa fidélité. Turgy put encore s'acquitter de cette mission. La princesse lui envoya le lendemain le billet suivant :

« 12 octobre 1793, à 2 heures.

« ... Ceci (un billet) est pour Fidèle. Dites-lui que je suis convaincue de ses sentiments. Je le remercie des nouvelles qu'il me donne ici; je suis bien affligée de ce qui lui est arrivé... [2]. »

Mais cette fois Turgy ne put accomplir l'ordre de Madame Élisabeth. Toulan n'avait pas attendu; « Fidèle » ne reçut jamais le dernier billet qui lui

---

1. *Fragmens*, par TURGY, p. 279.
2. *Fragmens*, par TURGY, p. 380.

était destiné. La Révolution avait enfin eu raison de son dévouement...

Il avait quitté Paris définitivement dans la journée du 11 octobre. Un plus long retard risquait de rendre inutile le passeport si heureusement obtenu de l'administration de Neuilly-sur-Marne; il s'était donc décidé à accomplir le trajet qui s'y trouvait mentionné. Le 11, au soir, il se présentait à la Maison commune de Corbeil; il y faisait viser son passeport. Puis il prenait le coche de Corbeil à Auxerre, se dirigeant sur Toulouse.

Il semblait tout joyeux de son départ, et nullement troublé. Il causa volontiers avec ses compagnons de voyage, qui lui communiquèrent les nouvelles du jour; l'un d'eux lui montra un journal. Il eut la satisfaction d'y lire la dénonciation qui le concernait; il apprit ainsi qu'on l'accusait d'avoir eu des conférences secrètes avec les prisonniers détenus au Temple. A la vérité, il s'en doutait quelque peu, mais le Gascon se retrouva tout entier pour rire de ses dangers, et il s'amusa de ce singulier sujet de conversation. Son tempérament à la fois enjoué, énergique et hardi, ne se démentait point...

Il suivit fidèlement l'itinéraire indiqué. Après Auxerre, il passa à La Charité le 15, ainsi que le constate un visa de son passeport, et il continua sa route par Moulins, Clermont et Rodez. Vers le 20 octobre, il arriva à Toulouse.

Là, dans sa ville natale, au milieu de ses parents et de ses amis, il se crut enfin en sûreté.

CHAPITRE VI

Le bruit de la dénonciation a précédé Toulan à Toulouse. — Danger d'un plus long séjour dans cette ville. — Il songe à fuir. — Passeport falsifié. — Départ de Toulouse le 26 octobre. — Arrivée à Bordeaux. — La baraque du quai de Royan. — Écrivain public. — Le roman de « Rosalie ».

L'illusion de Toulan, s'imaginant à l'abri des vengeances de la Commune, ne fut pas de longue durée. A peine arrivé, il apprit par des amis qu'on ne l'avait point oublié à Toulouse, que sa notoriété y était parvenue, si bien qu'on n'ignorait, dans cette ville, ni les fonctions qu'il avait remplies à Paris, ni les accusations portées contre lui. Et comme il n'était pas sans avoir des ennemis, un séjour prolongé l'exposait aux plus grands désagréments, pour ne pas dire aux plus grands périls.

Lepître, qui ne se plaignait qu'à demi d'être arrêté, parce que cela chatouillait sa vanité, eût peut-être bravé d'aussi glorieux dangers; mais Toulan, qui ne se payait pas de la même monnaie, et qui était devenu prudent, songea à fuir Toulouse sans retard. Il n'avait pas dépisté la police de Paris et joué la Commune pour se faire arrêter niaisement par ses compatriotes, dans son propre pays.

Instruit par cette révélation du péril qu'il y avait pour lui à voyager sous un nom connu comme le sien, il se préoccupa de trouver un nouveau passeport qui lui permît de dissimuler son identité; le salut en dépendait...

Bien qu'il possédât des amis, en plus grand nombre assurément qu'à Neuilly-sur-Marne, nul d'entre eux ne put ou ne voulut lui rendre ce service. Il lui fallut recourir à l'obligeance d'une femme.

Quelle était celle qui, dans un pareil moment, consentait à lui venir en aide? Le problème est plus que difficile à résoudre; cependant, grâce à des lettres trouvées plus tard parmi les papiers de Toulan, on peut établir à ce sujet une conjecture qui, à défaut d'une certitude impossible, offre un grand caractère de vraisemblance.

Toulan, sans être beau, savait plaire aux femmes; sa verve caustique, sa bonne humeur perpétuelle, lui gagnaient les esprits et quelquefois les cœurs. A Toulouse, il n'avait pas laissé que des amis; il avait aussi des amies, des parentes, des camarades d'enfance... Deux sœurs, l'une qui signe et qu'on appelle « Belon », et l'autre qui se nomme Rosalie, figuraient au nombre de celles-ci...

La correspondance de Rosalie nous la montre comme une femme d'imagination vive et d'un cœur très charitable, incapable de se refuser à qui sait convenablement la solliciter. Élevée dans les vieux principes, mais éprise des théories nouvelles, elle amalgamait tout cela d'assez plaisante façon, si bien que ce mélange lui donnait, de la morale, de l'amour, du mariage même, une conception bizarre et quelque peu originale, qui ne manque point de piquant.

Toulan, aimable garçon et beau parleur, avait retrouvé cette ancienne amie. La situation était terrible, et ne comportait guère des scrupules gênants. Il les mit de côté, et entonna aux oreilles de Rosalie le cantique des amoureux. Rosalie n'était point sourde : elle fut sensible à cette voix et répondit de son mieux.

Tout en causant d'amour, le Gascon avoua l'obligation où il était de se cacher momentanément, de fuir même au besoin : il y allait de sa tête. S'il pouvait se procurer un passeport avec un autre nom que le sien !... Rosalie, flattée de la passion d'un homme si près de l'échafaud, comprit ce qu'elle avait à faire. Elle se rendit à la Maison commune et demanda un passeport qu'on lui accorda, sans difficultés, au nom de *Rosalie Mestre.* « Mestre » était-il son nom ou un nom supposé? Je l'ignore. Toujours est-il que, vraie ou fausse, le greffier accepta sa déclaration. Par suite de quelle erreur, écrivit-il « *Rose Alimestre* »? La chose est de minime importance. Rosalie elle-même n'eut garde d'en faire l'observation, en admettant qu'elle s'en fût aperçue : le passeport ne devait-il pas être adapté par Toulan à son sexe, à son signalement et à son itinéraire?...

Voici ce document, avec les modifications faites par l'ancien commissaire :

N° 3093   MUNICIPALITÉ [1]
                         DE
                      TOULOUSE

                    LA NATION
              LA LIBERTÉ ET L'ÉGALITÉ

Département de Haute-Garonne, District de Toulouse, Municipalité de Toulouse, laissez passer le citoyen *Roch Alimestre*, domicilié à Toulouse, Municipalité de Tou-

---

[1]. Le passeport est imprimé, sauf les mots pointillés qui sont manuscrits. Les passages en italique sont ceux qui ont été falsifiés.

louse, District de Toulouse, Département de Haute-Garonne, âgé de *trente-cinq* ans, taille de cinq pieds., pouces, cheveux et sourcils noirs, yeux de même, nez *Bien Écrazé*, bouche moyenne, menton rond, front ord^re, visage ovale, & prêtez-lui assistance en cas de besoin.

Délivré à la Maison Commune de Toulouse le vingt sixième octobre 1793, l'an 2e de la République Française, une et indivisible, *lequel a signé*, & nous a déclaré aller à *Bordeaux*.

ROQUER, off^r m^pal, MUZAIGNE, *notable*.
COUDER, off^r m^ul.

ROCALLIMESTRE.   SOULÈS, *greff*.

(Ici un nom effacé et remplacé par des signes informes, sous lesquels on peut cependant voir quelques lettres du mot : ROSALIE.)

L'altération de l'encre ainsi que le papier, aminci par le grattage, laissent aisément apercevoir les endroits falsifiés par Toulan. Ainsi l'on constate qu'il y avait primitivement *la citoyenne*[1] *Rose Alimestre*[2]; le mot *trente* remplace vingt peut-être; les mots *Bien Écrazé*, avec deux majuscules, ont été visiblement superposés à d'autres, ainsi que *Bordeaux*. Le grattage ayant enlevé le glacé du papier, l'encre est embue, et il est im-

---

1. Ou plutôt *la citoyene*.
2. Ou *Ros alimestre*, suivant le dire de Toulan dans son interrogatoire, mais encore n'est-ce là qu'une erreur du greffier qui tenait la plume?

possible de déchiffrer les mentions premières, sauf quelques lettres, *r* et *e* dans *Bien Écrasé* et pareillement *r* et *e* dans *Bordeaux*. Le mot *lequel* remplace manifestement *laquelle*.

Sur le côté gauche en bas, il y a une série de lettres et de jambages informes qui cachent un grattage. On peut encore voir cependant un grand *R* et un *a*, comme le squelette du mot *Rosalie*. On a dû lui faire signer le passeport à la mairie, et il a fallu ensuite supprimer cette signature qui ne concordait même pas avec l'énonciation *Rose Alimestre*.

A côté de ce griffonnage, on peut lire le mot *notable*. Toulan a sans doute voulu faire croire que cette signature informe était celle d'un témoin peu expert dans l'art d'écrire.

Puis lui-même a signé « *Rocallimestre* » en un seul mot.

Comment expliquer cette singulière orthographe, surtout de la part d'un homme relativement lettré et écrivant d'ordinaire fort correctement? Les raisons qu'on en peut donner sont multiples, et si naturelles qu'elles doivent être vraies.

D'abord, Toulan ne tenait point à passer pour un homme instruit; il savait qu'on se défiait moins des ignorants et des gens de peu. En outre, comme il avait gratté le mot *Rose* et remplacé par *Roch*, il était en droit de craindre que cette falsification ne fût reconnue. En signant *Rocallimestre* qui était, phonétiquement, le même nom, il donnait toute créance à la première énonciation, et, en second lieu, il évitait qu'on le soupçonnât d'être l'auteur du grattage. On pouvait croire que le scribe à qui il avait dicté son nom avait mal entendu ou mal compris, et que lui s'était trouvé incapable de corriger son erreur.

Les autres incorrections s'expliquaient de semblable façon.

Si Toulan raisonna ainsi, les faits démontrèrent qu'il avait raisonné juste. Quelque informe que fût son passeport, il lui servit comme s'il eût été régulier. Le 26 octobre, le Gascon quittait Toulouse, et se dirigeait sur Bordeaux où il arriva rapidement et sans encombres.

Il prit gîte chez le sieur Babein, logeur; mais, léger d'argent et ne pouvant guère en recevoir avant plusieurs jours, ne sachant même pas si sa femme et sa cousine Ricard, restées à Paris, seraient en mesure de lui en envoyer, il songea à prendre un métier quelconque qui lui assurât l'existence.

Sans relations, sans fonds, nouveau venu dans une grande ville, qu'il connaissait à peine pour y avoir séjourné quelque temps, dans sa jeunesse, peu de professions étaient abordables pour lui. Comme Figaro, auquel il ressemblait par tant de côtés, il se fit écrivain public. Il avait une belle main, et ce métier-là n'exige comme outils qu'une plume et du papier. Il loua, sur le quai de Royan, n° 47, une baraque, mit sur la porte le nom de *Roch Allimestre*, s'intitula écrivain public et attendit les clients.

Il en vint. La population bordelaise renferme beaucoup d'ouvriers et de matelots qui, dans ce temps, plus encore qu'aujourd'hui, ignorent entièrement l'art d'écrire. Il eut ainsi à rédiger des lettres et des pétitions.

Il ne s'en tirait point mal, si l'on en juge par le brouillon d'une de ces pétitions, brouillon tracé au dos d'une lettre reçue par lui. Il s'agit d'une demande adressée à un député, — ce genre de sollicitations n'est pas nouveau, à ce que l'on voit, — par un marin pour sa femme.

Le citoyen Joseph Peyrefort, maître charpentier de la gabarre *la Commission*, capitaine Villedieu, vous expose que la citoyenne Marie Cantinaire, son épouse, domiciliée de Rochefort, est venue le joindre à Bordeaux sur le faux bruit qu'il était désarmé de dessus ce bâtiment; mais, instruite du contraire et son intention étant de revenir à Rochefort, elle désirerait être autorisée à faire son passage sur le vaisseau où son époux est embarqué. Le citoyen capitaine y consent, mais il désirerait y être autorisé par les citoyens représentants du peuple. En conséquence, Peyrefort vous demande cette autorisation; il la mérite par son zèle pour le service et il l'attend d'un représentant qui aime à obliger ses patriotes.

Salut et fraternité.

Toulan tenait aussi le genre noble; il prépara pour une tante, le 20 pluviôse an II (8 février 1794), une lettre où on lit des phrases comme celles-ci :

J'étais bien inquiet sur votre compte au moment où votre lettre m'est parvenue : votre silence m'affligeait; je craignais que vous ne fussiez malade, vous que j'aime au-dessus de toute chose, et cette idée ne me permettait pas de goûter un moment de repos. Votre lettre arrive, je compte sur une consolation, je l'ouvre et je vois que vous êtes malade ! Je crains que vous ne me cachiez une partie de la vérité, c'est-à-dire que vous ne le soyez plus que vous ne le dites...

.... J'espère qu'aussitôt que vos occupations vous le permettront, vous me ferez réponse, et par là vous comblerez les souhaits de celui qui fait gloire d'être encore plus votre ami que votre neveu.

À peine arrivé à Bordeaux, Toulan s'était hâté d'informer du succès de son voyage la personne qui y avait le plus contribué, et cette personne c'était « Rosalie ».

Nous le savons par ce fait qu'il reçut à sa baraque du quai de Royan, n° 47, et à l'adresse du « citoyen Alimestre », une lettre portant sur le côté extérieur (car à cette époque on ne se servait guère d'enveloppes) le mot : *Toulouse*, marqué avec un timbre sec, et datée du 3 novembre 1793.

Cette lettre, non signée, est d'une écriture empruntée, mais la suscription est bien nettement de la main de celle qui signe « Rosalie » dans une autre lettre; le mot « *Alimestre* » est écrit avec un *l* seul, et de plus cet *l* a une forme bizarre et particulière qui ne se retrouve que sous la plume de Rosalie.

Donc, signes graphologiques identiques, voilà pour la matérialité de la ressemblance. En outre, la promptitude de la réponse prouve que Toulan s'était hâté d'écrire et de donner son adresse : à qui se serait-il adressé, sinon à celle qui était déjà la confidente de sa personnalité d'emprunt ?

Ce qui ajoute encore à la force de ces conjectures, c'est que la lettre est écrite à la troisième personne, dans un style ambigu, qui ne permettrait point à des tiers d'y rien comprendre, et qui avait apparemment pour but de dépister la police. Cette préoccupation se trahit plus visiblement encore dans le passage tout politique qui termine la lettre.

On sait que les Girondins vaincus venaient de monter sur l'échafaud (31 octobre); or il n'était pas bon d'être considéré comme leur partisan, surtout à Bordeaux. La correspondante de Toulan le lave de tout reproche possible, en lui écrivant ce petit passage destiné à passer sous les yeux de la police : « L'assemblée a pris de grandes mesures et nous rend justice. Je crois que nous serons heureux et que nous triompherons de tout. L'on a fait justice de 22 députés qui nous trahissaient ; aussi les autres se comporteront peut-être mieux. Il faut tout cela pour le maintien de l'ordre ; sans cela nous serions perdus. Je finis en vous embrassant et vous prie de me croire pour la vie votre concitoyenne Richardet. Ce 3 novembre 1793. »

Toulan remercia comme il convenait celle qui se disait pour la vie « sa concitoyenne Richardet », et qui ne l'était guère à sa connaissance ; en homme galant, il sut agréablement chatouiller le cœur de la jeune femme, car elle riposta, d'une petite écriture fine et discrète, par la lettre suivante :

Mon cher ami,

Que ta lettre m'a fait de plaisir, surtout d'apprendre ton heureuse arrivée ! Ton frère a dû être charmé de te voir, et moi bien chagrine de ne pouvoir plus jouir de la satisfaction d'être auprès de ce que j'aime. Cet aveu coûte à ma pudeur, mais puisque mon cœur a déjà dicté ces mots, je les y laisse, et j'espère que l'usage que tu en feras ne tournera point contre moi. Je ne sais pas si ta sœur pense à venir ; je te fais passer une de ses lettres qu'on a reçue ici; je pense qu'elle te fera plaisir... Est-on mieux actuellement que tu ne me l'annonces par ta dernière? Sans doute que les représentants du peuple visent aux moyens. *Alimestre a bien pensé de louer une boutique pour gagner quelque chose; il faut vivre, et quoique je connaisse son économie, il n'a pas assez de talent pour de rien en faire quelque chose. J'ai communiqué ta lettre à tes sœurs du Paradoux; et elles m'ont dit qu'elles voudraient en avoir fait davantage. Quant à moi, tu es trop bon de mettre tant de prix au peu de soins que je me suis donné. C'est l'amitié et l'intérêt le plus tendre qui me les ont dictés.* Le même sentiment les a reçus ; nous sommes parfaitement quittes. Belon mérite bien mieux tes éloges. Sans cesse au travail et toujours sous les yeux de son père et de sa mère, elle cherche à leur procurer, aidée de leur travail, les choses nécessaires à la vie; y a-t-il rien de plus beau? Adieu, mon cher ami, tout ce qui t'intéresse ici se porte bien. Je suis ta bonne amie, ROSALIE.

25 novembre, vieux style.

Devant cet aveu échappé à son cœur, mais transmis par une lettre qui n'avait pu échapper que volontairement à sa prudence, le rusé Gascon comprit apparemment ce que signifiait ce petit manège; c'était une invitation directe à aller de l'avant, car les aveux ne sont jamais faits que pour en provoquer de pareils.

Il avait pu jouer à Toulouse son rôle d'amoureux, cela rentrait dans les nécessités de la situation; à Bordeaux, il était puéril de le continuer, du moment que la comédie ne devait se terminer ni par un mariage, puisqu'il était marié, ni par ce qui en est la contrefaçon, puisqu'il ne le désirait point. Ne pouvant répondre sur le même ton, ne voulant point froisser une amie en déchirant lui-même les voiles, il se renferma dans le silence et fit le mort.

L'impétueuse Rosalie, qui avait été si prompte dans ses transports en retrouvant à Toulouse l'ancien membre de la Commune, ne fut pas moins prompte à comprendre ce qui se passait dans son esprit. On ne répondait point à son aveu; elle se tourna d'un autre côté. Elle avait vraisemblablement un amoureux en réserve. Son parti une fois pris, elle en avisa Toulan par un billet qui doit avoir été écrit sous sa dictée par un écrivain public :

De Toulouse, 11 décembre 1793, vieux style.

Cher citoyen,

Ta Rosalie, celle au vis-à-vis de laquelle tu épanchais ton cœur, eh bien, le dirais-tu, elle a déjà disposé de sa main, et en faveur de qui? Je vais te le nommer. Je sens que tu ne le connaîtras pas mieux, mais ton absence, ton éloignement m'a décidée, et le choix, te l'avouerai-je, est d'accord avec mon goût, heureuse si le citoyen Lafont, qui est celui qui a su prendre ta place, a un amour aussi constant que le mien; il me l'a bien promis lors du contrat : nous devons nous le jurer demain et aux pieds des autels.

Je te dirai que cette union paraît agréer aux parents de nous deux, double satisfaction pour toutes les parties.

Adieu, cher ami, prie le Seigneur pour moi ; tu sais combien j'ai foi en tes prières.

Comme tu pourrais donner dans quelque bévue au sujet de ce Lafont, c'est le fils aîné du citoyen Lafont, perruquier, ami de ton père, qui prend la liberté de t'assurer combien il est sensible au plaisir qu'il a d'entrer dans notre famille et te prie en même temps de lui donner de tes nouvelles. Son adresse est : au citoyen Lafont, coiffeur des dames, rue Pharaon, 5ᵉ section, nº 132.

Mon père, ma mère, ma sœur te font bien des amitiés.

Et suis ta bonne amie

ROSALIE LAFONT.

On le voit, Rosalie avait plusieurs buts en écrivant ce billet : elle n'était pas fâchée d'apprendre à Toulan qu'elle lui avait promptement donné un remplaçant, et de laisser entendre que c'était elle qui la première s'était détachée. Elle tenait aussi à éviter qu'il « donnât dans quelque bévue au sujet de ce Lafont ». C'est toujours une situation délicate pour une femme vis-à-vis de son mari d'avoir été « la bonne amie » d'un autre homme. Elle faisait appel au tact de Toulan, pour qu'il lui épargnât des désagréments, et elle lui envoyait à cet effet les renseignements nécessaires.

Le Gascon dut rire beaucoup de la lettre de « sa Rosalie », et surtout de la phrase où elle parlait d'un « amour aussi constant que le sien » à celui

qu'elle remplaçait si vite, après lui avoir fait de
si tendres aveux. Il trouva là une occasion su-
perbe de donner carrière à sa verve caustique,
et cette fois il répondit de manière à tranquilliser
la nouvelle épouse du coiffeur des dames.

Cette lettre, que malheureusement on ne possède pas, devait être un agréable persiflage, dissimulé sous des formes charmantes et louangeuses.
On ignore s'il promettait à la jeune femme d'a-
dresser au Seigneur ces prières en lesquelles elle
avait tant foi ; il est certain qu'il la rassura complètement au sujet des bévues possibles, car elle
répondit par cette lettre, qui est un document
d'une saveur originale :

26 nivôse, l'an 2e de la République française
(15 janvier 1794).

Citoyen et *encore cher ami,*

Vos éloges pénètrent mon cœur et me donnent un regret sensible de votre absence. *Mon mari, à qui je ne cache
rien et qui a vu votre lettre, croyant tout ce que vous dites
de beau, d'agréable sur mon compte, applaudit à son choix,
et pour lors que ne ferai-je point pour que cet amour
qu'il paraît avoir continue de même? Je vous avoue, cher
patriote, que je suis très contente; qu'il a un caractère
bon, social, tel enfin qu'on peut le désirer. Il plaît à tous
ceux qui le connaissent. Comprenez s'il est à mon goût!
Oui, je l'aime, je n'aime que lui seul, et de ma vie je n'aime-
rai plus personne. Ne m'oubliez pas cependant. Si vous*

avez des droits à mon estime, j'en ai sur la vôtre, je vous supplie de me la continuer.

Mon père, ma mère, mon cher époux, ma sœur, tous vous embrassent du meilleur de leur cœur. Ne nous oubliez jamais.

Salut et fraternité.

ROSALIE LAFONT.

À ce moment, Toulan était fort occupé et de son commerce à Bordeaux, et des affaires qu'il avait laissées à Paris, ainsi que de sa femme, qu'il songeait à faire venir près de lui. Il jugea inutile de poursuivre cette correspondance. Il ne fut point touché de s'entendre appeler « encore cher ami », et il ne répondit même pas à Rosalie, qui lui posait quelques questions au sujet de sa tante et de ses cousines.

La sœur aînée — Belon — prit la place de la jeune femme.

Le 3 de pluviôse, l'an 2ᵉ de la République française (23 janvier).

Citoyen et cher ami,

Ta Rosalie ne voyant pas de réponse à sa dernière, malgré l'empressement qu'elle en avait, j'ai cru de mon côté devoir prendre la plume, espérant d'être plus heureuse qu'elle, ou bien ma lettre te trouver plus désœuvré. Cependant il me faut une réponse, et sitôt la présente reçue...

Que fit Toulan ? Écrivit-il une dernière fois ?

S'obstina-t-il à garder le silence? Aucune autre lettre de Rosalie ni de Belon n'a été trouvée dans ses papiers. Il est à supposer qu'on en resta là.

Ainsi finit ce roman, qui est, au milieu des sombres événements dont nous avons entrepris le récit, l'incident comique que la destinée place toujours à côté du drame. Il a cela de bon qu'il montre sous un jour vrai les personnages de l'histoire. C'est un tort, en effet, de croire les héros tout d'une pièce : ils ne sont ni au-dessus ni au-dessous de l'humanité, encore moins en dehors. Et leurs faiblesses, même connues, ne diminuent en rien leur grandeur reconnue, pas plus que d'avoir sa base au niveau des terres les plus basses ne saurait rapetisser l'Himalaya.

CHAPITRE VII

Toulan installé à Bordeaux. — Il cherche à faire du commerce. — Sa correspondance avec sa femme et sa cousine. — *Ricard* — *Ricardin* — *Guy*.

Cette correspondance et celle qu'il va entretenir avec sa cousine Ricard font connaître l'état d'esprit de Toulan à cette époque avec une indéniable sincérité. Et l'on voit ainsi une fois de plus quelle erreur c'eût été d'attribuer aux transports d'un violent amour son dévouement à la Reine. Il faudrait avouer, en ce cas, que jamais le proverbe : « Loin des yeux, loin du cœur » n'a reçu une plus stricte application, ni surtout une plus prompte. Or, comment croire à la profondeur d'une passion dont on ne pourrait constater que la brièveté ? Non, le vrai caractère de cet homme était, ainsi qu'on l'a déjà dit, un mélange de générosité chevaleresque et de courageuse hardiesse. Accessible à la pitié, il se montra doux et bon pour une grande infortune; puis, les événements aidant, il fut peu à peu conduit à un héroïsme qu'il ne prévoyait point au début, et il en accepta toutes les conséquences avec cet entrain méridional et cette fougue de la jeunesse, qui cachaient chez lui une réelle grandeur d'âme et le dédain du péril. Lorsque, les circonstances contraires paralysant ses efforts, il vit son dévouement rendu stérile et impuissant, il se consola par la satisfaction du devoir accompli jusqu'au bout. Menacé à son tour, il ne songea plus qu'à défendre sa tête, et à la soustraire à l'échafaud auquel il n'avait point arraché Marie-Antoinette.

La nouvelle de la mort de la Reine parvint certainement jusqu'à lui. Extérieurement, sa façon d'être ne pouvait changer; la dissimulation lui était imposée pour sa sécurité. Intérieurement, il dut éprouver des regrets vifs et profonds, mais son caractère de Gascon bon enfant et gouailleur l'emporta bientôt, et, reprenant le dessus dans cette âme vigoureuse, le rendit à lui-même; Toulan se retrouva le Toulan des anciens jours.

Il est bon d'ajouter que le souci de défendre sa vie, joint au souci de gagner le pain quotidien, ne permettaient guère ni les noires mélancolies ni les longues tristesses.

Puis il aimait sa femme. Sa première préoccupation fut de s'informer de ce qu'elle était devenue; plus tard il la ferait venir auprès de lui. Il travaillerait à ce que ce fût dans un très court délai.

Il lui écrivit, mais comme elle ne savait point écrire, elle chargea leur cousine Ricard de répondre à sa place :

> Mon cher cousin,
>
> Je vous prie de n'être point inquiet sur le sort de la citoyenne Bichette; elle est avec moi depuis plus de six semaines. Elle est un peu mieux portante; elle a été très malade de ne pas recevoir des nouvelles de son mari. Elle est très enchantée de la lettre que vous lui écrivez...
> Tu dois penser que ses intentions ne sont pas d'aller rejoindre sa famille, elle veut attendre jusqu'à nouvel ordre, je te prie de le dire à son mari.
> Elle est décidée à rester à Paris, à moins que son mari ne lui écrive qu'il a une bonne place, et que cette place puisse les faire vivre un peu à l'aise.
> Comme je suis déménagée, je t'envoie mon adresse : la citoyenne Ricard, chez le citoyen Finot, Grande rue Verte, n° 1030[1].

Bien que cette lettre ne porte aucune date, elle est évidemment la première écrite par la femme Ricard. Celle-ci dit en effet que Bichette, appellation familière qui désigne, sans aucun doute, la

---

1. Je rappelle qu'on numérotait les maisons par section et non point par rue.

femme de Toulan, est avec elle depuis six semaines. — Toulan étant parti de Paris le 11 octobre, cela donne comme date probable la fin de novembre. — Or toutes les autres lettres sont datées, et celle dont la date est la plus ancienne est du 8 décembre.

En outre, Mme Ricard dit que Bichette était très malade de ne pas recevoir des nouvelles de son mari. Une correspondance régulière s'étant établie entre Paris et Bordeaux, cette plainte ne pouvait être contenue que dans la première réponse envoyée à Toulan.

Enfin Mme Ricard y donne sa nouvelle adresse. Toulan avait dû lui écrire à son ancien domicile, qu'elle avait quitté, comme Bichette apparemment avait quitté la rue du Monceau-Saint-Gervais, où la sécurité n'était plus complète depuis la tentative d'arrestation du commencement d'octobre.

Avant de reproduire les autres lettres, il est nécessaire pour leur intelligence de dire ce qu'était cette cousine Ricard, dont il a été déjà parlé à propos de l'ami de Toulan mêlé au complot d'évasion, et chargé alors, on s'en souvient, de remplir le rôle du lampiste.

La vérité ne se dégage pas nettement à la première lecture des lettres. D'abord, on rencontre plusieurs difficultés. Je mentionne seulement celle qui provient de l'absence absolue de ponctuation, et de l'orthographe extraordinairement fantaisiste de celle qui tient la plume : ce ne sont là que des difficultés matérielles desquelles, avec un peu d'habitude et de soin, on vient facilement à bout. Voici cependant quelques spécimens de ce style :

« *Ci tu veux que je tenvoy ton ta Bac par Le caros avec ton abit et cris Lemois....* »

« *Sito que cesera fait je te La feray passer avec tout ce que tu me demande ainsi qun a Bit....* »

« *Je te prie de me mettre une envelope quand tu mun et crira tan*[1]*....* »

Il est d'autres difficultés beaucoup plus considérables qui proviennent, pour la plupart, des précautions prises par la femme Ricard pour parler à mots couverts de ce qui pouvait compromettre Toulan, et du langage déguisé, destiné à dépister la police, grande ouvreuse de lettres en tout temps, comme l'on sait. De là des surnoms, des appellations bizarres, des demi-mots, des sous-entendus. Elle nomme d'ordinaire Toulan

---

1. « Si tu veux que je t'envoie ton tabac par le carrosse avec ton habit, écris-le-moi ». « Si tôt que ce sera fait, je te la ferai passer avec tout ce que tu demandes, ainsi qu'un habit. » « Je te prie de me mettre une enveloppe quand tu m'en écriras tant. »

son cousin; dans une lettre, cependant, elle l'appelle son cher frère; elle lui dit *vous* parfois; ailleurs elle le tutoie. Quelle femme était-ce donc?

Mme Ricard était une cousine de Toulan. Elle était mariée et elle avait un enfant; mais si l'enfant était resté auprès d'elle, son mari avait quitté la France pour « les Iles », c'est-à-dire pour Saint-Domingue. Son départ remontait au mois de juillet 1792. Abandonnée ainsi, elle se rapprocha du ménage Toulan, et conçut dès le début une grande affection pour la femme, une vive admiration pour le mari. L'officier municipal, en dehors de l'auréole que lui valait cette importante dignité, était d'une humeur et d'un naturel qui agréaient fort à sa cousine. Celle-ci, d'ailleurs, se montre dans ses lettres, d'un caractère grandement semblable à celui de son cousin.

De tempérament hardi, d'intelligence prompte, la femme Ricard possédait le langage vigoureux et franc du peuple; elle non plus ne dédaignait point les plaisanteries, surtout les plaisanteries salées, et elle ne s'embarrassait de rien. Elle savait se tirer d'affaire dans les circonstances les plus difficiles; au besoin elle était fine, rusée, pleine de ressources. D'une bonne humeur inaltérable, elle devait sur ce point tenir tête au Gascon, et égayer un intérieur où la douce Bichette, la femme de Toulan, apportait sa bonté plus calme et son intelligence plus naïve.

Que lui était le personnage que Turgy nomme « M. Ricard, cet ami de Toulan », qu'Eckard appelle « un ami de Toulan » et que Lepître désigne sous le nom de « M. Guy, un commis du bureau de Toulan » ?

La similitude de nom a fait supposer que ledit Ricard, improprement dénommé Guy par Lepître, était tout bonnement le mari de la cousine Ricard, et on s'en est tenu à cette simple interprétation.

Un examen attentif et une étude plus approfondie ne permettent guère d'adopter cette opinion. Voici celle qui nous paraît la seule admissible.

Ce personnage était un commis du bureau de Toulan. Quant à son nom, c'était peut-être Guy, ainsi que le dit Lepître, c'était peut-être Ricard. Il n'y a aucun empêchement à ce qu'il fût parent du mari de la cousine de Toulan; il est encore possible qu'il portât le même nom, d'autant que ce nom est relativement assez répandu. Il se peut encore, et cette explication, étant données les habitudes et les mœurs du temps, n'est pas la moins vraisemblable, qu'on l'eût surnommé ainsi à cause de son assiduité auprès de la jeune femme.

Car si celle-ci ressentait pour Toulan une admiration vive, celui-là éprouvait pour Mᵐᵉ Ricard une admiration passionnée. Ce serait même ce sentiment qui l'aurait si aisément poussé, lui qui ne connaissait guère Marie-Antoinette, à risquer sa tête dans les tentatives faites pour sauver la Reine. Quel meilleur moyen de plaire à cette femme que d'imiter et d'égaler son cousin Toulan?

Devint-elle sa maîtresse? Se borna-t-elle à lui promettre de l'épouser lorsqu'elle aurait fait prononcer son divorce d'avec le mari qui l'avait abandonnée? Ce point reste incertain; mais ceux qui n'étaient pas au courant peuvent fort bien avoir mal apprécié une situation qui n'était pas très nette et appelé Ricard l'amoureux de Mᵐᵉ Ricard. Quoi qu'il en fût, elle le garda près d'elle après la fuite de Toulan, et, dans ses lettres à son cousin, tantôt elle le nomme Ricardin, Ricardet, tantôt elle lui donne un surnom d'un pittoresque charmant et d'une piquante fantaisie fort en rapport avec son caractère : elle l'appelle « son mari de jour ».

L'explication que nous venons de donner concorde seule avec les lettres trouvées sur Toulan à Bordeaux, et conservées aux Archives nationales.

Qu'au contraire l'on veuille s'en tenir à la version ordinaire, on se heurte à mille difficultés d'interprétation. Comment alors expliquer que la femme Ricard dise, le 2 janvier, que son mari est parti depuis dix-huit mois pour les Iles? Pourquoi charge-t-elle, le 12 décembre, Toulan d'envoyer à son mari des lettres par le moyen de bâtiments ou de matelots se rendant à Saint-Domingue?

Il ne faut point oublier que Ricard a coopéré à l'évasion de Toulan au commencement d'octobre, le 7; or, comment aurait-il pu quitter Paris, gagner un port de mer, s'embarquer, et arriver à Saint-Domingue, écrire de là à sa femme, celle-ci recevoir sa lettre et lui répondre, tout cela dans l'espace compris du 7 octobre au 12 décembre, c'est-à-dire en deux mois et cinq jours, alors que la vapeur était inconnue, qu'on voyageait sur terre en diligence, et qu'on naviguait sur mer dans des bateaux à voiles?

Comment la femme Ricard écrirait-elle le 12 février qu'elle a eu des nouvelles de son mari par des députés commissaires de l'île de Saint-Domingue et que son mari y occupe une place de greffier avec 4000 livres d'appointements, alors qu'en si peu de temps il eût été invraisemblable qu'un nouveau débarqué eût su acquérir une si belle position, à la sortie même du navire qui l'amenait dans l'île?

Du moment qu'elle parle à diverses reprises de

Ricardin, et de son « mari de jour » qui les accompagne, elle et la femme de Toulan, qui les suit, qui les aide pendant tous ces mois de décembre 1793, de janvier, de février 1794, comment admettre que ledit Ricard, qui est à Saint-Domingue, qu'elle appelle son mari, sans ajouter ni « de jour » ni quelque autre qualification, soit un personnage imaginaire, inventé par elle? A quel propos? Dans quel but?

Et, de plus, s'il en était ainsi, s'inquiéterait-elle de cet absent, et surtout de la pénurie d'argent où il l'a laissée, elle et son fils? Elle voudrait « qu'il lui fît passer des sous ». Ce n'est à coup sûr pas une invention pour dépister la police. Dans ce cas, elle ne parlerait pas dans les mêmes lettres de Ricardin, de Ricardet, de son mari de jour.

Puis, ce serait donc encore une invention que sa demande en divorce, dont elle entretient Toulan le 2 janvier? Alors, pourquoi ces détails relatifs à son contrat de mariage, qu'elle ne peut pas produire parce qu'il est dans son secrétaire et qu'on a mis les scellés sur ce meuble? Elle annonce même qu'elle va se remuer pour « faire lever les scellés et terminer cette affaire grand train ».

Et le 26 janvier, elle apprend triomphalement

à son cousin que son divorce est enfin prononcé. Pourquoi toute cette comédie?

On le voit : en suivant l'opinion commune on se heurte à une foule d'objections, bien plus, à une foule d'impossibilités. Au contraire, en prenant comme je l'ai fait, dans leur sens simple et naturel, les dires mêmes de Mme Ricard, en interprétant seulement quelques côtés obscurs, on arrive à une explication meilleure, la seule vraisemblable, et, pour dire toute notre opinion, la seule vraie.

Cette situation une fois connue et admise, tout s'éclaire dans la correspondance de Toulan et de sa cousine.

Les premières lettres ont trait aux préoccupations urgentes : chacun de son côté veut être rassuré sur le sort de l'autre. Comment vivent, à Paris, les femmes restées seules avec « Ricardin »? Comment, vit à Bordeaux, le fugitif, isolé dans une grande ville? Il a laissé à Paris des affaires plus ou moins embrouillées : d'une part, son commerce de librairie, et d'autre part, son association avec le citoyen Fondard (la femme Ricard l'appelle Fondu), pour la liquidation des créances contre les émigrés.

La cousine Ricard, qui est la femme de tête et la femme instruite, — du moins par rapport à Germaine Toulan, — tient la plume. Nous n'avons point les lettres de Toulan, et c'est regrettable, car c'eût été des documents excessivement précieux. Force nous est de suppléer à cette lacune, en devinant ce qu'elles étaient, par la lecture attentive des lettres de Mme Ricard, qui en formaient la contre-partie.

Bien que toutes les choses dont traitent celles-ci ne soient pas d'une importance énorme, il est bon et il est utile d'en donner de nombreux extraits. Ces lettres possèdent une saveur toute particulière et sont pour l'historien d'une inestimable valeur. Elles montrent comment, même à l'époque de la Terreur, alors que l'échafaud était dressé partout, alors que les dénonciations, presque toujours suivies d'effet, menaçaient toutes les existences, on vivait, on plaisantait, on riait! Elles sont une preuve nouvelle de la vérité du caractère donné par nous à Toulan : elles le font voir toujours égal à lui-même dans les circonstances les plus critiques. A cet égard, quelles meilleures preuves pourrait-on invoquer que ces lettres écrites au courant de la plume et qui, dans la pensée de celle qui les envoyait comme de celui qui les recevait, ne devaient jamais voir le jour? Ce sont assurément là des témoignages non suspects.

Il n'a pas moins fallu qu'un hasard inouï pour

nous les conserver, et c'est à la catastrophe même qui a perdu leur destinataire que nous en sommes redevables.

La première lettre envoyée par Toulan n'a rassuré qu'à demi. Le voyage du fugitif s'est favorablement accompli ; mais ne trouvera-t-il pas à Bordeaux un accueil pareil à celui qu'il a reçu à Toulouse? Puis, là-bas, n'est-il pas dans la gêne? Comment vit-il? A-t-il des meubles, un lit? Et à Paris, pendant ce temps, que deviendront ses affaires? Il a laissé sa boutique, un fonds de marchandises... Qu'en faire?

Mme Ricard écrit alors *au citoyen Alimestre, écrivain public, quai de Royan, 47, à Bordeaux*, et elle le traite de « cher frère ».

De Paris, le 8 décembre 1793.

Mon cher frère,

...Notre cousine Bichette est aussi fort inquiète de son mari; elle te prie de lui faire savoir pourquoi il ne lui donne pas de ses nouvelles et s'il est toujours à la même garnison, afin qu'elle puisse lui écrire ce qu'elle désirait faire. Elle te prie de lui demander ce qu'il faut qu'elle fasse de tout ce qui est dans son corridor et principalement de toute sa musique...

Je désirerais savoir si tu es remis des fatigues de ton voyage, car j'étais bien inquiète de toi. Écris-moi si la place que tu as est bonne, et si par la suite je pourrais

LES SUITES DU COMPLOT. 263

aller avec toi. Notre cousine Bichette le désirait bien : elle s'ennuie de ne pas te voir...

Tu sais qu'il y a quelques années nous avons prêté des flambeaux à Fondu, je suis d'avis de les lui demander. Je ne sais comme nous sommes avec lui, depuis trois ans nous n'avons pas de comptes... Quand tu m'écriras, fais-moi part comme nous étions avec lui, et où est l'écrit que tu as passé avec lui, et s'il est signé des deux. Je ne l'ai pas trouvé jusqu'à ce moment. Il m'a offert de les déchirer l'un et l'autre ; je n'ai pas voulu. Si tu restes là-bas, que tu aies besoin d'un lit, je t'enverrai celui que j'ai prêté à Armandette. J'attends ta réponse subito, car je suis bien inquiète de toi, et si tu as reçu ce que je t'ai envoyé. Adieu, porte-toi bien. Je suis toujours ta grande sœur Ricardin. Notre cousine Bichette t'embrasse. Je t'ai donné mon adresse dans ma dernière lettre.

Mon mari de jour et Rigaudon te font bien des compliments ainsi que l'amie des amis.

Ce 12 décembre 1793.

Mon cher cousin, en réponse à ta lettre qui n'a pas de date, que nous attendions avec grande impatience ; toutes les lettres me sont parvenues, mais un peu tard, vu l'éloignement où je suis. C'est le hasard qui m'a portée chez Armandette. Je te prie de me les adresser toutes à l'adresse que je t'ai envoyée. Je ne puis faire les commissions pour l'instant dont tu me charges. Je ne suis pas bien portante ; j'ai eu un peu de fièvre et une fluxion, mais le premier temps doux, je m'empresserai de les faire, en t'envoyant le tout. Je t'enverrai un habit. Je ne puis t'envoyer un habit d'uniforme. A mon nouveau domicile, comme j'étais en train d'emménager, l'on faisait des visites domiciliaires ; tes habits étaient sur mon lit. Ces messieurs m'ont dit que ce serait rendre un service à la Nation que d'en faire cadeau, vu les levées que l'on faisait. J'ai cru être utile à ma patrie; ainsi on les est venu chercher. Pour tes habits d'été, je les garde jusqu'à nouvel ordre. Ta redingote, je lui fais prendre une autre couleur; sitôt que ce sera fait, je te la ferai passer avec tout ce que tu me demandes, ainsi qu'un habit...

...Au sujet du papier que tu me demandes, je t'ai déjà dit qu'il m'était impossible de te l'envoyer; je t'ai déjà dit assez, sitôt que mes affaires seront finies, ce qui ne tardera pas, car voilà plus de six semaines que c'est en train; si les tribunaux n'avaient pas été suspendus, ce serait fait; mais j'ai eu tout le mal possible pour cette affaire. Ceux que tu as obligés dans les temps, la plupart n'ont pas voulu; cependant il y en a plusieurs qui m'ont servie, et des personnes que je ne connais pas qui me servent dans cette affaire. Tu vois, mon cher cousin, que je suis bien malheureuse que tu ne sois pas ici. Tu me rendrais grand service. Au moins tu serais venu avec moi dans tous les endroits où il faut que je paraisse. Le plus pénible, c'est d'aller à la ville. Enfin j'ai mon ami qui est avec moi, et qui me conseille, qui me suit partout. Au sujet de mes meubles, sois tranquille, quand je serai autorisée, mon intention est de les mettre en sûreté, où je les transporterai chez moi...

Ici se trouve un paragraphe qu'à cause d'un mot illisible on ne sait trop comment interpréter. En examinant avec soin l'écriture, il semble que ce mot soit *la Reine*. Cette solution, au premier abord, paraît fort invraisemblable, car dans toute la correspondance, il n'est pas question une seule fois de politique et encore moins de ce qui peut se rapporter au Temple, aux personnages qui y étaient renfermés, et aux événements qui ont amené la fuite de Toulan.

D'un autre côté, le passage a une allure plus grave, plus solennelle que les autres. En outre, après ce mot, Mme Ricard parle de « *la Reine* » tantôt au masculin, tantôt au féminin. Cela tendrait à faire croire qu'il s'agit d'un portrait, dont on parlerait au masculin en pensant à l'objet, et au féminin en pensant à celle qu'il représente.

Toulan veut qu'on lui envoie *la Reine*. Le désir, de sa part, serait aussi naturel que l'expression en serait imprudente. Mais l'on n'en est plus à compter les imprudences de Toulan : ceci n'est donc pas une objection.

Quoi qu'il en soit, voici ce passage, tel que j'ai cru le lire ; je ne le donne ainsi reconstitué qu'en faisant les plus grandes réserves :

Je ne sais pourquoi tu veux que je t'envoie *la Reine*. La raison, je t'ai déjà dit que la raison était trop cruelle ; mais *il* est en lieu de sûreté, et j'espère en avoir bien soin. D'ailleurs il est de mon intérêt de *la* soigner : *elle* ne me quittera jamais, à moins que je ne m'en aille dans un autre pays.

Puis elle reprend son ton ordinaire :

Je suis charmée que tu aies reçu les 600 livres, et que tu aies élevé une boutique. Je désirais bien y aller plus tôt que tu me le marques. C'est encore loin que le mois de juin ou juillet. J'ai le temps, mon cher cousin, de m'ennuyer d'ici ce temps...

... Mon cher cousin, dans le paquet que je t'enverrai, je te ferai passer plusieurs lettres pour mon mari, et tu pourras les remettre à plusieurs bâtiments ou les remettre à des matelots, en leur disant que celui à qui ils remettront les lettres les récompensera, que ça lui est recommandé, en lui disant de récrire sur-le-champ; que son épouse est bien inquiète de lui, et s'il peut lui faire passer des sous. Je t'enverrai si tu veux quelques couvercles d'almanachs, et toutes les plumes que j'ai et les compas que j'ai.

Adieu, cousin. Je suis ta cousine RICARD.

Ta bonne amie Bichette t'embrasse du meilleur de son cœur; il lui tarde bien de te voir. Tous tes bons amis ne t'oublient pas, ils te disent mille choses. Sophie et Céleste Chevalier en font autant.

Je te prie de me mettre une enveloppe quand tu m'en écriras tant, parce que j'ai déchiré une partie de ce que tu m'écrivais de mon mari. Tu ne dis rien de Chevalier; il faut l'informer et dire qu'il est avec le citoyen Ricard. Il était au gouvernement.

(*En marge :*) Bichette dit que l'on la tourmente pour sa boutique. Nous sortons aujourd'hui pour cela, et en même temps nous ferons tes commissions. C'est le mari de jour qui nous accompagne.

La situation, tant à Paris qu'à Bordeaux, présentait bon nombre de difficultés. A Paris, où les affaires allaient fort mal, le petit commerce de librairie et de musique, laissé par Toulan, ne devait pas rapporter gros; bien au contraire, et il fallait payer le loyer de la boutique. Les deux femmes cherchaient à réaliser les marchandises de leur mieux, mais la dureté des temps était souvent plus forte que leur activité et que leur bonne volonté. A Bordeaux, le métier d'écrivain public ne procurait que de maigres bénéfices ; Toulan avait songé à y joindre un commerce d'articles de papeterie, sans oublier la vente des cocardes, qui, plus que jamais et pour bien des motifs, faisaient fureur alors.

Il avait demandé à ce qu'on lui envoyât de Paris diverses fournitures, et les deux braves femmes, utilisant leurs moindres ressources, s'étaient empressées de faire droit à ces demandes. Elles avaient le secret espoir, si Toulan réussissait à Bordeaux, d'aller le rejoindre et de trouver auprès de lui une existence moins incertaine et moins précaire. Aussi, tout en se défendant de leur mieux contre leurs embarras propres, elles n'oubliaient point les commissions dont Toulan les avaient chargées, et, à force de savoir-faire et d'habileté, elles parvenaient à lui envoyer un lot de marchandises appropriées au négoce qu'il avait en vue.

Du 19 décembre 1793.

Mon cher cousin, je te fais partir par le carrosse d'aujourd'hui les effets que tu m'as demandés ; en même temps que ta lettre, il part à mon nom. Tu peux le réclamer au nom de Ricard. Nous nous sommes empressées de faire toutes les commissions, excepté le portefeuille qui coûte beaucoup plus cher que tu crois. Il n'y en a plus à 2 livres. Je t'envoie des cocardes, mais pas autant que je l'aurais désiré parce que la personne n'en avait pas davantage. D'ailleurs, s'il t'en faut davantage de grandes, et si tu les trouves belles, écris-le-moi...

Suit une note des objets qu'elle envoie. On y trouve : des couvercles d'almanach, des jeux de dominos, des cocardes grandes, petites, moyennes, des rouleaux de jarretières rouges, une tabatière avec « son bon tabac », etc., etc.

Ta redingote n'est pas encore prête ; je te l'enverrai au premier envoi, quand je pourrai t'envoyer tous les papiers que j'ai. Les jarretières blanches, je m'en suis servie, comme je te l'avais demandé, pour mes jupons ; pour les rouges, je m'en suis fait cadeau d'une paire sans te le demander, une paire à Bichette, une paire à la mère Chevalier.

Je sors aujourd'hui, mon cher cousin, pour me trouver aujourd'hui, pour me rendre au tribunal de famille. J'aurais désiré t'avoir, mais la chose est impossible. Bichette veut m'accompagner : c'est une fichue corvée que je lui fais faire...

... Mon mari de jour te fait bien des compliments ainsi que moi qui t'embrasse, sans compter ta bonne amie Bichette qui t'aime toujours beaucoup. Elle se plaint que tu lui fais faire des vieux souliers ainsi qu'à moi avec toutes les commissions, sans compter le reste. Je (suis) pour la vie ta cousine,

RICARD.

J'ai bu hier à ta santé, avec tous les amis dont je te

parle. Rivière nous a apporté un saucisson. Je t'envoie, mon cousin, trois lettres dans ton paquet pour faire parvenir à mon mari...

Son mari recevait peut-être les lettres qu'elle lui adressait, mais il n'y répondait guère; en tous cas, il ne lui envoyait point d'argent, ce à quoi elle était excessivement sensible et pour cause. Devant ce silence et cet abandon, elle s'était décidée à user des facilités nouvelles introduites dans la législation, et elle avait demandé le divorce.

De tout temps, c'est une grande affaire et un grand souci que d'avoir recours aux hommes de loi. La femme Ricard, qui n'avait point de protecteurs influents, éprouva beaucoup d'ennuis, et plus d'une fois elle se prit à regretter de n'avoir point auprès d'elle son cousin Toulan, si actif, si habile, si capable de débrouiller les affaires les plus compliquées. Elle s'en exprime librement :

2 janvier 1794.

... Si les tribunaux n'avaient pas été suspendus, ce serait fini. Ce qui retarde, c'est que le scellé est dans mon secrétaire, et que mon contrat de mariage est dedans; mais ces jours-ci je vais me remuer pour le faire lever, et terminer cette affaire grand train. Mon divorce sera prononcé le 25 nivôse (14 janvier) de ce mois, si je puis le faire lever...

...Mon cher cousin, je suis bien sensible à l'amitié que tu as pour moi; tu peux être assuré de ma reconnaissance. Je désirerais bien que mes affaires se termineraient à mon gré et à mon avantage, mais il me faudrait un homme comme mon cher cousin pour les terminer, parce qu'il faut de l'activité, et, comme tu sais, Ricardin est bon enfant, mais il n'est pas expéditif dans ses opérations. Depuis dix-huit mois que mon mari est parti, je languis après toutes mes ressources...

Mais sa bonne humeur reprenait vite le dessus et au milieu des difficultés et de la gêne, elle ne pouvait s'empêcher de plaisanter. Toulan avait été malade : il était rétabli aujourd'hui. En lui envoyant les vœux de bonne année de sa femme et les siens, elle lui adressa de nouveau quelques menues fournitures, parmi lesquelles les cocardes abondaient.

Elle avait toujours fort envie de partir, bien qu'évidemment ce fût peu raisonnable, surtout de sa part, d'aller à Bordeaux compliquer pour son cousin une existence déjà fort difficile. Le « mari de jour » était sagement de cet avis; elle ne résiste pas au plaisir de s'en moquer agréablement et avec une finesse piquante, quand on songe à ce qu'elle était : une femme du peuple, peu éduquée et peu instruite.

De Paris, le 6 janvier 1793[1].

Mon cher cousin, je te fais l'envoi de tout ce que tu m'as demandé... Tu verras par tout ce que je t'envoie combien j'ai dépensé d'argent et que je suis pour le présent très à sec. Je t'envoie toutes les factures afin que tu te règles dessus pour ta vente. Je te dirai que les cocardes vont renchérir, quoique je les ai payées encore cette fois le même prix ; ainsi, au premier envoi que tu voudras, tu les paieras plus cher...

Quant à la vente, que je t'ai parlé, que je voulais faire de mes meubles à l'endroit que je t'ai écrit, c'est impossible ; il faut que je me retourne autrement.

Je ne puis t'envoyer davantage, car je n'ai pu trouver pour l'instant personne qui ait pu m'obliger. Tous les amis sont très gênés. Quand je serai pour partir, et que j'aurai fait argent de tout, tu m'écriras tout ce que tu voudras avoir, une note complète du tout. Moi, sauf meilleur avis, je serais d'avis d'avoir beaucoup de fils, rubans, épingles, tout ce qui est à l'usage du jour, et dont on ne peut absolument se passer, et si tu veux vendre en gros des cocardes, que tu trouves que tu puisses gagner ; mais il faut que tu les augmentes...

Tous mes amis te font bien des compliments. Ils parlent toujours de toi. Ils me conseillent tous de partir. Il n'y a que mon mari de jour qui n'en est pas d'avis, je ne sais pourquoi. Ne prends pas jalousie dessus lui, tu feras bien attention qu'il n'est que de jour. Cependant je ne l'écoute guère...

Je te souhaite la bonne année. Je te la souhaite meilleure pour ta santé, car il ne faut pas t'aviser de faire des maladies pareilles tous les ans, les médecins gagneraient

[1]. C'est 1794 qu'il faut lire.

trop après toi. Bichette t'embrasse de tout son cœur. Elle te recommande de te bien purger, c'est-à-dire avec des huîtres, et de boire à nos santés. Adieu, je suis ta cousine RICARDIN.

Cependant, tant en dévalisant la boutique de Paris qu'en achetant çà et là des marchandises avec leurs maigres ressources, et en se donnant de tout cœur à cette besogne, les deux femmes, fatiguées, éreintées, souffrantes même, étaient parvenues à munir suffisamment la baraque du quai de Royan, et Toulan parlait déjà de faire venir sa femme. Il envisageait la situation sous d'assez riantes couleurs, et, après les dangers qu'il avait courus, il jouissait de cette sécurité tranquille enfin recouvrée. Il ne dédaignait pas les bons repas, ou tout au moins les huîtres, faciles à se procurer au bord de la mer, et comme il n'était point un égoïste honteux il racontait ses petites débauches gastronomiques, en les assaisonnant de plaisanteries, où sa verve habituelle, pleine de gaillardise, se donnait amplement carrière.

La cousine Ricard aurait voulu partager l'espoir qu'avait Bichette de quitter bientôt Paris, mais en femme intelligente elle comprenait que la chose n'était guère possible. Elle en parle avec un grand bon sens dans une lettre de la fin de janvier.

Son divorce venait d'être prononcé. Elle en informe son cousin. Est-ce cette pensée qui la ragaillardit? Mais la fin de sa lettre devient très gaie, et si elle adresse à Toulan quelques reproches sur les grivoiseries un peu salées, dont il n'est point assez ménager, elle ne s'en fait pas faute, elle non plus. Et comme elle se plaint de ne pouvoir, à cause de ces lestes propos, montrer les lettres du Gascon à ses amis, nous profiterons de cette leçon indirecte pour supprimer celles qu'elle se permet.

7 pluviôse (26 janvier).

Le frère d'Armandette demande à acheter la *Henriade*[1] de Voltaire, la *Pucelle* et l'*Atlas national* de France. Il faut m'écrire le prix parce que j'ai aussi un marchand du Palais-Royal qui me le demande...

Pour moi, ainsi que Bichette, nous sommes malades. Hier, Bichette avait la migraine et une courbature d'avoir couru, et aujourd'hui c'est mon tour. Je ne puis porter ma tête...

Ta cousine Ricard est au désespoir de ne pouvoir suivre son amie Bichette; son moyen ne lui permet pas en ce moment d'aller près de toi. Si ses affaires finissent à son avantage, elle s'en fera un vrai plaisir. Si je n'avais pas d'enfant, je m'en trouverais assez avec le peu que je pourrais faire. Cela fait que je ne te serais pas à charge, car dans un commencement de commerce l'on est toujours très à court, et je profiterais du plaisir d'être avec toi et

---

1. Elle écrit « *Lanriade* ».

mon amie Bichette, et je suis privée de ce plaisir. Je ne sais encore quand je pourrai partir. La maudite tache nous fait bien du tort. Nous avons été à la Convention présenter une pétition que nous avons faite, et, ces jours-ci, nous avons obtenu le numéro pour faire nommer qui bon leur semblera pour la faire lever, et j'espère que nous réussirons à la fin. Ta pauvre Bichette est bien fatiguée de tout cela ; elle en a sa dose, et plus qu'elle n'en peut porter...

...Mon divorce est prononcé....

...Je suis bien aise que tu aies mangé des huîtres. Si nous en avions eu notre part et que nous eussions bu ensemble, ta bouteille ne t'aurait pas saoûlé. Cependant je ne parle que pour toi, car tu ne nous écris pas en homme saoûl, il y en a trop long pour cela. Je ne sais combien tu me paieras par vacation pour lire tes écrits. Par la suite, je prendrai un lecteur, si notre moyen nous le permet. Cependant continue, cela nous fait plaisir....

Je suis ta cousine avec un bon mal de tête.

23 pluviôse (11 février).

Mon cher cousin, il me paraît que tu parles bien à ton aise que c'est pour notre plaisir que nous courons tous les jours ; cependant il n'y a pas bien de plaisir à courir les crottes. Bichette s'y est prise de toutes les manières ; elle a suivi la route que Joly lui a indiquée ; puisque lui-même a écrit dans plusieurs tribunaux pour parvenir à quelque chose. Il voudrait lever cette tache, mais il ne peut sans en être autorisé....

Tu nous dis qu'au milieu de nos fatigues que nous sommes gaies ; il s'en faut du tout. Nous le sommes dans de certains cas, surtout quand l'on ferme les portes partout sur nous alors, et que l'on nous fait compter les verrous. A la vérité, quand l'on reçoit une lettre comme celle que nous venons de recevoir, au point qu'elle ne peut être montrée, cela nous fait rire. J'espère que par la suite que tu nous écriras un peu plus proprement, au point que je ne puis la montrer à personne.... Il me paraît que tu nous as écrit après avoir bu un bon coup....

... Je te prie de ne pas m'écrire de si grosses gaietés, parce que je ne puis montrer tes lettres à personne. Je te dirai que j'ai reçu des nouvelles de mon mari par des députés commissaires de l'île Saint-Domingue. Je n'ai pas reçu de lettre parce qu'il leur était défendu de s'en charger, et eux-mêmes ils ont été pillés de tous leurs effets; ils le connaissent très bien, ils en font un grand récit. Il a une place de greffier en chef au Conseil général et supérieur qui lui vaut 4000 livres par année....

Quelle était cette « tache » dont elle parle ainsi, à deux reprises? Il est difficile de le préciser. Ce qui semble probable, c'est que le propriétaire de la boutique n'avait pas été payé et avait mis une opposition sur ce qu'elle contenait encore. Cette version concorde bien avec ce que disait Mme Ricard, le 12 décembre, au sujet de la boutique pour laquelle « on tourmentait » Bichette, et ce qu'elle écrira le 26 pluviôse (14 février).

Ces ennuis n'étaient pas les seuls. On se rappelle que Toulan s'était associé avec un nommé Fondard. La liquidation de cette association n'allait pas toute seule, et la cousine Ricard craignait de n'être pas de force dans cette discussion d'affaire. Elle avait à cœur les intérêts de Toulan; aussi lui écrit-elle à ce sujet le même jour :

Ce 23 pluviôse (11 février).

Mon cher cousin, je ne puis me dispenser de t'écrire sur-le-champ. Bichette a vu aujourd'hui M. Fondu, qu'il allait après la décade prochaine renvoyer tous ses commis, rapport à un décret qui les force de transporter toutes les affaires au département. Ainsi, d'après ce, vois ce que tu veux que je fasse à ce sujet...

...Je crains fort de tout perdre, vu qu'il est ami avec De Visnique. Comme ils sont amis et que je ne suis qu'une femme, ils s'entendront ensemble...

...Envoie-moi une note qui soit bien en forme; je la ferai paraître comme l'ayant trouvée dans les papiers chez moi. Bichette et ta cousine te souhaitent le bonsoir, mais Bichette t'embrasse.

A mesure que le désir de rejoindre Toulan augmentait chez Bichette, les obstacles se multipliaient aussi et retardaient indéfiniment le départ. Et pourtant les deux femmes n'épargnaient point leurs peines!

Ce 26 pluviôse (14 février).

Mon cher cousin, je suis obligée de t'écrire aujourd'hui parce qu'il faut que tu me rendes réponse de suite à ce que je t'écris. Je suis bien en colère contre le mari de Bichette; cette pauvre diablesse est actuellement au lit, rendue de fatigue. Elle a du chagrin plus qu'elle n'est grosse. Cette fichue affaire ne finit pas, malgré toutes les marches que nous avons prises. Nous sommes renvoyées d'un tribunal à l'autre. Aujourd'hui, elle a été payer son loyer, pour tâcher de vendre afin d'en finir. La citoyenne

Bannier lui a donné la note des impositions de deux années, ainsi que tu le verras à la note que je te fais passer. Je te prie d'en faire part à son mari, afin qu'il lui fasse réponse de suite, savoir s'il les a payées et où sont les quittances. Elle est comme une folle de voir comment tout cela se mène. Je l'engage tant que je peux à prendre patience; mais c'est bien difficile.

Je sais bien que, pour ma part, je donnerais bien une pinte de mon sang que cela soit fini pour elle et qu'elle soit tranquille. Si cela durait encore longtemps, elle ne pourrait y soutenir. Ce n'est pas le tout de dire ou de l'écrire : je crois, moi, à sa place, j'aurais renoncé à tout. Elle dit que si son fils n'existait pas, qu'il y a longtemps que ce serait fini d'elle[1].

Nous avons été hier chez le citoyen Guillioux, au sujet de Fondu. Je l'ai engagé tant que j'ai pu à lui servir dans cette affaire; enfin, il le veut bien ainsi. Sitôt qu'il va être débarrassé, nous verrons à le remuer.

Surtout, fais-moi réponse de suite, afin qu'elle voie à payer ses loyers. C'est au bureau des impositions où on l'a envoyée pour payer. Elle n'a pas voulu rien payer avant que de savoir si tu as payé. Adieu, je suis ta cousine.

Puis vient le relevé des deux feuilles d'impositions.

Année 1791.	Contribution	88,17
— —	Secours	4 »
Année 1792.	Contribution	95,5
— —	Secours	4 »
— —	Subsist.	7 »
	Total général.	199,3

1. Les époux Toulan n'ayant point d'enfant, le mot fils ne peut évidemment s'appliquer qu'au mari.

Cette lettre corrobore l'explication que nous avons donnée de la « tache ». D'abord, elle établit que Bichette avait plusieurs loyers à payer, puisqu'on parle de « ses loyers ». De plus, elle a cherché à payer ce qu'elle devait « pour tâcher de vendre afin d'en finir ». Elle ne pouvait pas vendre tant que le propriétaire n'était pas désintéressé. Le propriétaire ou la propriétaire, car il semble bien que ce soit la citoyenne Bannier qui mérite cette dénomination.

On comprend la surprise désagréable qu'éprouva Germaine Toulan, allant porter l'argent de ses loyers, de se trouver en présence d'une réclamation telle que celle qui provenait du Trésor, et surtout d'une réclamation s'élevant à une somme fort élevée, eu égard aux ressources dont disposaient les deux femmes. Avant de faire ce nouveau sacrifice, elles voulurent se renseigner, et Bichette se retira sagement, refusant de payer avant de savoir si son mari n'avait pas déjà acquitté cette dette. Elle savait que le Trésor encaisse, mais ne rend pas.

Bien leur en prit. Les choses qui paraissaient mal tourner pour elles changèrent tout aussitôt de face, et des facilités imprévues succédèrent aux difficultés. Le mois n'était pas écoulé que tous les obstacles disparaissaient comme par enchantement; Bichette pouvait enfin prendre le coche et aller rejoindre son mari à Bordeaux.

Ce n'est pas sans un serrement de cœur que la cousine Ricard envisage cette séparation. Elle ne peut se rendre à Bordeaux. Elle retournera sans doute à Toulouse, dans sa famille, et cette perspective ne la console qu'à moitié. Elle est triste de ne pas rejoindre son cousin Toulan, plus triste encore de perdre sa bonne amie Bichette.

Mais elle est une femme forte, et sa mélancolie, bien que sincère, ne lui fait oublier ni le succès enfin obtenu dans le règlement de leurs affaires, ni la joie des deux époux qui se retrouveront enfin. La lettre qu'elle écrit à cette occasion est remarquable, non point par le style, mais par le cœur. On la sent d'une brave et honnête femme.

Le 9 ventôse (28 février).

Mon cher cousin,

Je t'annonce bonne nouvelle. Nous sommes victorieux : notre tache est levée et mes affaires sont bien avancées. Dimanche j'emballe mon lit et je fais mes malles. Je t'écrirai le jour que mon amie Bichette va partir. Je compte que c'est un de ces jours de la semaine prochaine. Je vois deux personnes bien contentes; je n'en puis dire autant. Enfin mon tour viendra peut-être ; tout mon désir serait de passer par Bordeaux pour vous faire mes adieux et pour vous engager à faire route avec moi. Comme tu vois, les choses sont bien avancées, je n'ai plus besoin des notes des impositions. Elle en est débarrassée et acquittée et elle te dira comment. Ce serait trop long à t'en faire le récit.

Cette amie Bichette n'a plus de chagrin : elle a le cœur bien content. Elle tient son passeport en main et bien en ordre. Avec de la patience on vient à bout de tout. Tous ses meubles sont vendus et comme on peut le désirer. Aujourd'hui ce qui est chez nous se vend, et samedi nous achetons les marchandises que tu nous as mandées. Ils (elles) partiront avec le lit et les malles, ou nous ferons porter le tout au Grand Café, rue Saint-Denis. Ainsi, comme tu vois, tout va bien et j'espère que tu ne seras plus de mauvaise humeur.

Quand tu recevras ta lettre, mon amie Bichette sûrement sera partie, mais pour te tranquilliser je t'écrirai le jour même qu'elle prendra la diligence afin que tu sois sûr le jour qu'elle arrivera. Surtout prépare-lui une bonne soupe et bon vin, et tu boiras pour lors une coupe à ma santé. Sophie t'embrasse de tout son cœur, et Céleste ainsi que la mère Chevalier.

Adieu, nous t'embrassons de tout notre cœur ; tous tes amis en font autant.

Je suis ta cousine Ricard.

La femme de Toulan arriva à Bordeaux dans la première semaine du mois de mars.

Les mauvais jours étaient passés. Après une année d'émotions et de périls, les deux époux réunis, rassurés sur l'avenir, allaient retrouver enfin le repos et la sécurité. Ils l'espéraient du moins.

Leur joie fut de courte durée: trois semaines après l'arrivée de sa femme, Toulan était jeté en prison...

CHAPITRE VIII

Germaine Toulan à Bordeaux. — Nouvelles de Paris. — Jugement des complices de Toulan (novembre 1793). — Leur acquittement. — Toulan reprend son nom. — Carte de civisme. — Il est arrêté le 5 germinal an II (25 mars 1794). — Son interrogatoire. — On le dénonce à Isabeau. — Celui-ci n'en tient pas compte. — Toulan en prison.

Dans sa correspondance avec son cousin, Mme Ricard avait toujours évité de lui donner des nouvelles politiques. Ce silence était sage, et certainement n'avait pas peu contribué à assurer la sécurité du fugitif.

Dès que sa femme l'eut rejoint à Bordeaux, Toulan changea de conduite. Il rejeta sa personnalité d'emprunt et osa reprendre publiquement son vrai nom. Sa baraque seule conserva le nom de Roch Alimestre. Il cessa d'y habiter, et retourna loger chez le citoyen Babein, dans l'auberge duquel il avait, à son arrivée, fait descendre sa femme.

Qui pouvait motiver de la part d'un homme d'ordinaire si prudent ce qui semble au premier abord une imprudence et une bravade? Sa femme, en lui apportant des nouvelles de Paris, en fut inconsciemment la cause.

Des événements s'étaient en effet passés dans la capitale, depuis le départ de Toulan, de nature à avoir sur sa situation une influence directe et considérable.

A la suite de l'incident Rougeville-Michonis qu'on a décoré pompeusement du nom assez peu mérité de *Conspiration de l'œillet*, et au moment où le procès de la Reine rappelait l'attention sur tous ceux qui avaient été plus ou moins compromis à son sujet, des mandats d'arrestation avaient été lancés contre divers personnages, accusés d'intelligences avec « la famille Capet ».

Dix officiers municipaux furent l'objet de ces poursuites : c'étaient l'épicier Dangé, Lepître, Nicolas Lebœuf, instituteur, Jean Beugnot, architecte, Germain Jobert, négociant, François Moelle, Bruno, Vincent, Michonis, limonadier, et Toulan.

On se rappelle comment celui-ci sut se soustraire à un ordre d'arrestation; Bruno pareillement s'échappa. Quant à Lepître, Dangé et Lebœuf, ils furent conduits à Sainte-Pélagie, Moelle et Jobert à l'Abbaye, Vincent, Beugnot et Michonis à la Force.

Quelques-uns d'entre eux figurèrent comme témoins au procès de la Reine, mais leur affaire ne vint devant le Tribunal révolutionnaire que le 28 brumaire (18 novembre).

Ils avaient été conduits à la Conciergerie cinq jours auparavant.

Lepître parut tout fier d'y trouver Barnave, Duport-Dutertre et le supérieur du séminaire de Saint-Sulpice, le vénérable Emery. Ce voisinage flatteur lui inspira aussitôt l'idée de demander pour conseil Chauveau-Lagarde, le défenseur de Charlotte Corday, de Marie-Antoinette, de Brissot et l'avocat des grandes causes de ce temps; mais la malechance voulut que Chauveau-Lagarde fût ce jour-là empêché de plaider pour Lepître qui se rabattit sur un mauvais avocat nommé Vincent.

On leur avait adjoint comme accusés un sieur Fontaine et sa maîtresse Sophie Lebon, qu'ils ne connaissaient nullement, mais qui avaient été arrêtés pour l'affaire Rougeville. Michonis étant mêlé à cette affaire, on avait réuni les deux accusations, bien qu'elles n'eussent entre elles aucune connexité.

On n'y regardait pas de si près alors; c'était

tant pis pour les accusés si les accusations risquaient ainsi d'être confondues ; ce léger inconvénient, qui n'en était pas un d'ailleurs pour Fouquier-Tinville, permettait au tribunal d'agir avec célérité, et ne nuisait point à l'accusation; cela seul importait... Le chevalier de Rougeville, compris avec Toulan et Bruno dans la poursuite, comme eux avait pu se sauver.

Le procès dura deux jours et occupa quatre séances.

Si le fait d'avoir entretenu des relations avec les prisonniers du Temple ou avec Marie-Antoinette à la Conciergerie devait entraîner une condamnation, il est certain que tous ou presque tous devaient être condamnés. Mais il se passa, pour ce procès, une chose à peu près unique dans les annales judiciaires de cette époque.

La Commune elle-même s'employa au salut des accusés. Aucun de ses membres ne déposa contre eux. Si l'on ne put empêcher Mathey, le concierge du Temple, d'en charger quelques-uns et particulièrement Lepître, en revanche on n'interrogea pas même Tison. Il y avait un parti pris de sauver les municipaux encore membres du Conseil, à commencer par Michonis, et les autres, tels que le professeur, échappèrent derrière eux. Ce n'est pas que leurs avocats eussent bien plaidé.

Le nommé Vincent défendit si mal Lepître, que celui-ci l'interrompit et prit la parole à sa place. Bien que ce changement ne modifiât en rien une sentence préparée à l'avance, il lui fut loisible de s'en attribuer le mérite. Aussi éprouva-t-il une double joie de s'entendre acquitter, ainsi que ses coaccusés. Ils furent immédiatement mis en liberté.

Michonis seul, contre lequel existaient des charges graves, et qui avait manifestement trempé dans le projet, mal défini ou mal connu, de Rougeville, fut reconnu complice du fait, mais acquitté sur la question d'intention. On n'osa point, toutefois, le relâcher sur-le-champ, et on lui appliqua la fameuse loi des suspects. Il fut condamné à la détention jusqu'à la paix générale (Art. 10 de la loi du 17 septembre)[1].

Le jugement ne statuait pas sur le cas des fugitifs Toulan, Bruno et Rougeville. Cette lacune prêtait à deux interprétations : on pouvait soutenir soit que, le tribunal n'ayant pas rendu pour eux un verdict d'acquittement spécial, ils étaient exposés à être recherchés encore et condamnés; soit que, aucune condamnation n'ayant été prononcée, et leurs complices absous, leur cause se

---

1. Archives nationales, W. 296, n° 261.

trouvait par là même définitivement jugée et ils devaient bénéficier de ce dénouement favorable.

La femme de Toulan, qui connut le résultat et non les détails du procès, pensa que l'acquittement s'appliquait à tous les accusés indistinctement, et son mari sur ce point partagea son opinion. Il est juste d'ajouter qu'elle n'avait rien de contraire à la loi, et qu'elle était même conforme au bon sens. L'ancien commissaire se crut acquitté en même temps que ses collègues. Dès lors à quoi bon se cacher plus longtemps? A quoi bon risquer de se rendre suspect pour échapper à un péril qui ne le menaçait plus?

Ce n'était donc ni par imprudence ni par bravade qu'il avait repris son nom. Ce ne fut point là, d'ailleurs, la cause de son arrestation.

A cette époque la défiance populaire, violemment surexcitée, enfantait partout la délation. Le premier venu se croyait appelé à sauver la République une et indivisible, toujours en péril, et les dénonciations pleuvaient chez les autorités du Département et de la Commune.

Celles-ci n'en négligeaient aucune et procédaient au plus vite soit à une enquête, soit le plus souvent à une arrestation. Pour éviter aux patriotes, reconnus ou soi-disant tels, les ennuis de ces mesures préventives, les comités avaient créé une carte de civisme, qu'ils remettaient individuellement aux gens sûrs. L'absence de cette carte pouvait entraîner les plus graves conséquences.

Pour son malheur, Toulan fut signalé au comité révolutionnaire de Bordeaux. Est-ce à quelque excès de zèle d'un citoyen exalté, est-ce à quelque vengeance d'un voisin ou d'un client mal disposé, est-ce simplement à un fâcheux hasard qu'il faut attribuer cette dénonciation ? On l'ignore ; ce qu'il y a de certain, c'est que le comité révolutionnaire traita Alimestre-Toulan comme suspect. On lui demanda sa carte de civisme. Il n'en avait point, et pour cause. Incapable de la produire, incapable de prouver qu'il était « bon citoyen » (quelles sortes de preuve exigeait-on pour cela?), il fut arrêté et incarcéré. Ceci se passait le 5 germinal an II (25 mars 1794).

Le bruit des accusations portées contre lui était vaguement parvenu jusqu'à Bordeaux ; cet incident les réveilla.

Toulan, du reste, rassuré par le jugement du 19 novembre, ne songeait point à nier son identité, et dans son interrogatoire, le lendemain, il fit montre d'une franchise complète, sauf sur certains points où des réponses plus explicites eussent compromis les amis qui lui étaient venus en aide.

Les réponses, toujours habiles cependant, sont empreintes d'une grande sérénité. Évidemment il se croit victime d'un malentendu, mais, dans sa pensée, l'erreur sera bientôt dissipée. Il n'envisage pas le danger qui peut résulter de son arrestation.

Le comité révolutionnaire de surveillance de Bordeaux a désigné un de ses membres pour l'interroger; celui-ci, le citoyen Coste jeune, ne paraît pas lui-même très convaincu de la culpabilité de Toulan, et ce n'est pas sans une certaine bienveillance qu'il l'interroge, dès le lendemain de son arrestation (6 germinal an II, 26 mars 1794).

Cet interrogatoire, sauf la forme, et encore celle-ci provient surtout de la rédaction qu'en a faite le greffier, semble plutôt une conversation, car il marche sans ligne fixe et sans plan établi.

Demande. — « Quel est ton nom, âge, demeure, profession, lieu de naissance et dernier domicile?

Réponse. — « François-Adrien Toulan, âgé de trente-trois ans, natif de Toulouse, écrivain public et marchand quincaillier à Bordeaux, demeurant rue Quay-Bourgeois, n° 20[1].

« — S'il a toujours fait l'état de marchand-quincaillier ou d'écrivain public?

---

[1]. C'était sans doute l'adresse du logeur Babein.

« — Qu'avant et dès le commencement de la Révolution, il était libraire et marchand de musique à Paris, que depuis il a été employé et chef de bureau des biens des émigrés du district de Paris.

« — S'il a donné sa démission de chef du bureau des émigrés?

« — Oui.

« — S'il était chargé de recettes pour le compte de la République?

« — Qu'il n'était chargé de rien que des titres en faveur des créanciers des émigrés et des déclarations actives en faveur de la République.

« — Quelles sont les causes de sa démission?

« — Qu'ayant, de société avec le citoyen Fondard, levé un bureau pour hâter la liquidation desdits créanciers et sa présence étant nécessaire à ce bureau, il demanda sa démission aux administrateurs, qui la lui accordèrent.

« — S'il ne composa pas ce bureau avec le citoyen Fondard bien plus pour favoriser les émigrés, à la faveur de la place qui lui était confiée, que pour la prétendue liquidation des créances sur la République? »

A cette question insidieuse, Toulan riposte avec sa fermeté habituelle, non sans y joindre une certaine ironie dans le trait final :

« — Que ce bureau organisé d'après une loi qui ordonnait aux créanciers de s'unir entre eux pour accélérer cette liquidation, il convint avec le citoyen Fondard de s'associer un ou plusieurs jurisconsultes pour suivre le vœu de la loi, et accélérer le paiement; observe que dans sa place, tant qu'il l'a occupée, il ne pouvait, en aucune façon, que nuire aux intérêts des émigrés, et dans le bureau qu'il avait formé, il n'a jamais pensé les servir en faisant vendre leurs biens ou payer les créanciers.

« — A quelle époque il est allé à Paris?

« — Au mois d'août 1787.

« — Dans quelle section il habitait, la rue et le lieu de son domicile?

« — Qu'il a demeuré successivement dans trois sections, la première n'étant alors que district du Louvre; par l'organisation des sections, il se trouva sur la section dite alors des Feuillants; que le travail de son bureau nécessitant son rapprochement de la Maison Commune, il vint demeurer sur la section de ce nom, rue du Monceau-Saint-Gervais, en face de Lorme, n° 13.

« — S'il avait le même domicile à l'époque du 1er mai 1789?

« — Qu'il était dans le district du Louvre.

« — S'il n'a pas occupé d'autres places dans la Commune de Paris?

« — Qu'il a été successivement nommé commissaire de section, et par suite élu deux fois à celle de représentant de la Commune, savoir à la Commune du Dix Août et à la Commune provisoire.

« — Quels citoyens il fréquentait le plus particulièrement?

« — Que par sa place il était à portée de fréquenter toutes sortes de monde, mais que, ne connaissant que son travail, il ne faisait que ce que sa place lui disait de faire, que, rendu après son travail à la société, il fréquentait sa section; la Commune et le club des hommes du Dix Août dont il était membre.

« — A quelle époque il a quitté la cité de Paris?

« — Le 7 octobre 1793 à dix heures du matin.

« — Quels ont été ses principes sur la Révolution jusqu'au 31 mai dernier?

« — Ceux d'un patriote qui ne voit que sa patrie; qui, étranger à tous les partis, ne voit qu'elle et ne sert qu'elle, guidé par le même principe qui le 30 juin 1789 le fit se dévouer à la chose publique en s'offrant volontairement pour aller au milieu de l'Assemblée nationale alors hérissée de baïonnettes demander la grâce des gardes françaises et la punition de leur colonel pour les actes arbitraires qui les avait fait enfermer[1] ; il en obtint un décret, le rapporta au peuple, et depuis a pensé et agi toujours de même.

« — A quelle époque ont cessé ses fonctions dans la municipalité ?

« — Alors que l'organisation définitive de la municipalité actuelle a été faite.

« — S'il a une attestation de bonne vie et mœurs pendant sa résidence à Paris, et sa carte de sûreté pour en sortir ?

« — Qu'il n'a jamais demandé d'attestation sur sa vie, que les différentes nominations équivalent sans doute à cette attestation. Que quant à ses mœurs il n'y a pas un seul Français qui puisse les lui reprocher ; qu'il n'avait pas sa carte de sûreté lors de sa sortie, bien qu'il l'eût obtenue de sa section toutes les fois qu'il l'a réclamée.

« — Pourquoi il est sorti de Paris ?

« — Que l'on était venu pour l'arrêter ; que le désespoir de son épouse et ce sentiment intime qui porte naturellement tout individu à fuir la persécution, et convaincu d'après sa conduite et sa façon de penser que ce n'était que par un acte arbitraire qu'on avait surpris à la religion des

---

1. Phrase mal construite qu'il faut rétablir ainsi : et la punition, pour ses actes arbitraires, de leur colonel, qui les avait fait enfermer.

autorités constituées qu'on le faisait arrêter, il prit le parti de s'évader. Il observe, et prend à témoin, si le cas le requiert, ceux qui étaient chargés de l'arrêter, qu'il a mis, jusqu'au moment de son évasion, toute l'obéissance et le respect qu'on doit à des mandataires de l'autorité ; que, s'il a usé un peu de ruse pour s'évader, il n'a commis ni montré vouloir commettre aucune violence.

« — S'il connaissait les causes de son arrestation ?

« — Que s'il les eût connues, rien n'aurait pu le détourner d'obéir au mandat d'arrêt ; que ce n'est qu'en route et dans le coche de Corbeil à Auxerre qu'un citoyen, chef d'une des légions de Paris, lui dit qu'il avait été dénoncé à la Commune pour avoir eu des conférences secrètes avec les prisonniers détenus au Temple, lui montrant un journal dans lequel il vit sa dénonciation... »

La précision de ces réponses aussi bien que l'habileté profonde avec laquelle elles étaient données produisent évidemment un assez grand effet sur l'esprit du commissaire qui interroge Toulan. Tout ce que celui-ci lui dit est présenté d'une façon si sincère, si franche qu'il ne sait que penser. Il manifeste son embarras par la question suivante :

« — Si, bien loin (que) sa dénonciation eût pour cause cet entretien, il n'était pas intimement lié avec Brissot et les Girondins ?

A cette époque, en effet, le péril se rencontre de tous côtés, et frappe également royalistes et républicains. Hébert vient d'être guillotiné, Danton le sera quelque dix jours plus tard ; les Girondins, vaincus au 31 mai, ont porté leurs têtes sur l'échafaud, quinze jours après Marie-Antoinette.

Mais Toulan, qui se garde si bien sur le côté où il prête le flanc aux accusations, n'est pas en reste pour répondre sur un point où sa conduite, aux yeux du moins des révolutionnaires, est inattaquable, et il le fait avec une assurance et dans des termes qui ne manquent point de piquant :

« — Que, fidèle à n'être d'aucun parti, il a toujours détesté tous les agitateurs ; qu'il n'a vu Brissot qu'une seule fois, étant tous deux comme présidents de district, au cortège de la Fédération de 1790 ; qu'il ne lui a jamais parlé, et ne se souvient n'avoir jamais vu aucun député du département de la Gironde.

« — Quelles ont été ses opinions sur les mesures prises par la Convention dans les journées des 31 mai, 1er et 2 juin ?

« — Qu'étant en fonctions municipales, envoyé avec plusieurs de ses collègues pour inviter les communes environnantes de s'unir à la municipalité de Paris pour ne faire qu'un tout d'opinions, il se comporta en patriote, et en appelle à cet égard à ses compagnons de voyage. Il observe qu'il fut un des signataires de la Commune pour la pétition qui demandait l'acte d'accusation contre les vingt-deux députés...

En présence de ces réponses si nettes, le commissaire, frappé des preuves de civisme données par Toulan dans l'affaire des Girondins, revient à la première accusation. Il lui demande :

« — Si effectivement il a entretenu des liaisons avec les prisonniers du Temple?

« — Déclare comme il l'a déjà déclaré à la Commune sur une dénonciation déjà faite précédemment par le valet de chambre des détenus (Tison), qu'étant en fonctions, sa mission se bornait à surveiller les détenus, que l'on ne lui avait jamais imposé la loi de les molester; qu'il ne leur a jamais parlé qu'en présence de ses collègues et de choses indifférentes, et du tout relatives ni aux prisonniers ni à la Révolution; qu'il n'a jamais répondu à des questions de ce genre que d'une manière évasive pour ne pas compromettre la dignité dont il était revêtu, et les intérêts de la République; que oui et non étaient sa réponse ordinaire. Encore n'était-ce que quand on lui demandait des choses très indifférentes. Il observe au surplus comme il l'a déjà observé que dans treize fois qu'il a été de service au Temple, ce qui a fait vingt-six jours, il n'est pas resté une seule minute seul avec les détenus.

« — Puisqu'il était assuré de sa conduite irréprochable dans l'exercice de ses fonctions, que, puisqu'il a eu connaissance des motifs qui lui étaient inculpés, pourquoi il a cherché à se soustraire à l'exécution de la loi?

« — Que déjà pareille dénonciation avait été faite, que les scellés avaient été apposés sur ses papiers, à sa requête; il croyait cette dénonciation aussi méprisée que méprisable en elle-même, puisqu'elle n'·contenait pas vérité; voyant l'acharnement d'un côté, après avoir été reconnu innocent et le mandat d'arrêt ne portant pas la cause de l'arrestation conformément à la loi, il ne crut voir dans cette persécution que le projet trop longtemps médité par les malveillants de nuire aux patriotes, et qu'il crut devoir s'y soustraire jusqu'à ce que vérité fût reconnue; qu'elle l'est enfin puisque le Tribunal révolutionnaire l'a acquitté, ainsi et en même temps que ses coaccusés : ce qui lui a fait reprendre son nom ainsi qu'il le dira plus bas... »

Devant cette affirmation si catégorique, si précise, le commissaire cesse de l'interroger sur le point capital de la dénonciation, et ne lui pose plus que quelques questions accessoires sur lui, sur son état civil, et les circonstances diverses de sa fuite hors Paris.

« — S'il est marié, le nom de son épouse, et s'il a des enfants?

« — Qu'il est marié depuis le mois de juillet 1787, à Toulouse, avec Françoise-Germaine Dumasbon, qu'il n'a pas d'enfant.

« — Où habite son épouse?

« — Que son épouse a toujours suivi ses pas; que, peu lettrée, mais portant un cœur français, elle s'applaudissait avec lui de la Révolution; qu'il l'a quittée seulement, comme il l'a dit plus haut, lors de son départ de Paris; qu'il l'a fait venir à Bordeaux depuis environ quinze jours, sur l'assurance qu'il avait que, son innocence reconnue, il y vivrait tranquille avec elle du fruit de son travail en bon républicain.

« — Puisqu'il se dit natif de Toulouse, pourquoi il n'a pas cherché à se retirer dans le sein de sa famille, plutôt que de revenir à Bordeaux?

« — Que ce fut là où il porta ses premiers pas, mais instruit à son arrivée que la dénonciation l'y avait devancé, il craignit de rester dans un lieu où il était très connu et préféra rester à Bordeaux, ville qu'il connaissait pour y avoir déjà travaillé et où on ne le reconnaîtrait guère.

« — Sur la sincérité d'un passeport de la municipalité de Neuilly, qu'il a remis à sa section en date du 6 octobre dernier?

« — Que, lors de sa fuite, il se retira chez un ami, que cet ami peu éloigné de la municipalité de Neuilly s'offrit pour lui faire avoir un passeport de cette municipalité; que, sur la demande de cet ami, la formule en fut écrite de la main même du déclarant; que le lendemain il le lui rapporta tout prêt, et qu'il lui a servi pour se rendre à Toulouse; que ce passeport a été visé deux fois en route.

« — Quel est le nom de cet ami, et sa demeure?

« — Qu'il ne peut le dire.

« — Pourquoi étant arrivé à Toulouse il a pris un passeport, le 26 octobre, sous le nom de Roch Alimestre, tandis qu'il s'appelle François Toulan?

« — Que, comme il l'a déjà dit plus haut, sa dénonciation l'avait précédé à Toulouse, demander un passeport en son nom eût été le moyen de se faire arrêter; que quelqu'un, dont il taira toujours le nom, fut en prendre un sous le nom de Rosalie Mestre, que le secrétaire par erreur mit Ros Alimestre, que le déclarant, ne pouvant mieux faire, voulut se servir de ce passeport, et, moitié grattant et moitié ressemblance, il lui a servi pour se rendre à Bordeaux.

« — Quels sont ses moyens d'existence depuis qu'il est à Bordeaux?

« — Son travail, sa bonne conduite, et quelque peu d'argent que son épouse lui a fait passer de Paris, des épargnes qu'il avait faites sur le revenu de sa place, et de la vente de son fonds et de ses meubles à Paris.

« — Si, à son arrivée à Bordeaux, il s'est fait inscrire à la municipalité, et sous quel nom?

« — Que le registre du citoyen Babein, logeur, prouve qu'à son arrivée il s'y inscrivit sous le nom d'Alimestre; que depuis il était convenu que, couchant dans sa baraque sur le quai de Royan, ledit citoyen Babein ne mettrait pas sa sortie pour qu'on puisse le trouver au besoin, pensant qu'il logeait toujours chez le citoyen Babein, comme il y loge de fait présentement, au moins depuis que son épouse est arrivée; il observe que voulant, tout en se cachant, obéir à la loi, autant que possible, il a mis sur sa baraque son nom de Roch Alimestre.

« — De quel genre d'écrits il est compositeur comme écrivain public?

« — Que comme compositeur c'est lettres et pétitions... »

Et comme en ce temps-là rien ne peut se terminer sans une affirmation solennelle des droits de l'État et de ceux de la Divinité, bien que tous deux soient singulièrement compromis par ceux-là mêmes qui les affirment le plus, à cette interrogation pour savoir si :

« — Lorsqu'il a fait des pétitions, il n'a pas cherché à calomnier les autorités constituées pour servir l'intrigue et l'aristocratie ? »

Toulan répond, sincèrement peut-être :

« — Que toute autorité constituée étant pour lui, après l'Être suprême, ce qu'il connaît de plus respectable, il est incapable de les diffamer ou avilir. »

Ainsi se termina ce long interrogatoire, où le Gascon, tirant parti avec une dextérité inouïe des moindres facilités que lui donnait la question, répondait de manière à s'innocenter aux yeux de son juge. Et, de fait, il s'en fallut de peu que son habileté fût couronnée de succès.

Au moment de son arrestation, on avait saisi chez lui ses deux passeports, sa correspondance avec Rosalie Lafont, avec Belon, et toutes les lettres de sa cousine Ricard ainsi que divers papiers. Du tout on avait un paquet scellé qu'on avait apporté au comité de surveillance. Le surlendemain de son interrogatoire, on brisa ces scellés, et on les refit en sa présence, ainsi qu'en témoigne le procès-verbal dressé à cet effet :

Aujourd'hui huit germinal, l'an 2ᵉ de la République française,

Nous, membres du comité épuratoire de la section Brutus, et Dorgueil, membre du comité de surveillance, nous sommes transportés dans les prisons du palais Brutus à l'effet d'y inviter le citoyen Toulan de venir avec nous pour être présent à la levée des scellés qui avaient été apposés par les soussignés autorisés par le comité de surveillance; où étant, nous avons procédé, après les avoir reconnus sains et entiers, et après une exacte vérification de tous ses papiers, nous sommes décidés à les emporter pour être soumis au comité; à quoi le citoyen Toulan a consenti. Nous les avons enveloppés dans une feuille de papier et cachetés en sa présence. Nous avons de plus trouvé une médaille frappée à l'époque du 10 août 1792 (vieux style) ainsi que le brevet. De tout quoi nous avons dressé le présent procès-verbal.

Bordeaux, ledit jour et an que dessus.

LEMAITRE, TOULAN, DORGUEIL, DOCHE.

La présence de cette médaille du Dix Août, au milieu des papiers de Toulan, frappa vivement les membres du Comité. Comment un patriote digne d'une récompense pareille avait-il pu se rendre coupable de conspiration avec les ennemis de la France, et trahir la République? Le doute s'empara de leurs esprits, et tout en maintenant l'arrestation de Toulan, ils profitèrent de la présence à Bordeaux d'un représentant du peuple, d'Isabeau, pour lui demander des renseignements sur le prisonnier, et au besoin pour le prier d'écrire à Paris à ce sujet.

Isabeau promit ce qu'on lui demanda; mais il avait à s'occuper d'affaires plus importantes que celle d'un municipal compromis dans une aventure vieille de plus d'une année. Il était à peine sorti de Bordeaux que déjà il avait oublié la mission dont il s'était chargé.

Cependant le temps s'écoulait, les renseignements manquaient toujours et Toulan restait en prison. Les membres du comité éprouvèrent des scrupules. Ils résolurent de sortir de cette situation fausse, et, à cet effet, ils s'adressèrent directement à la municipalité de Paris.

Leur lettre est curieuse à plus d'un titre, d'abord parce qu'elle reflète naïvement leurs perplexités, et ensuite parce qu'elle renferme des formules où le zèle ridicule d'un comité de province se manifeste par l'accumulation des mots et des épithètes. Ces Bordelais ne se contentaient pas de « Égalité, Liberté, Fraternité, » et pour eux il n'était pas suffisant de proclamer la République une et indivisible. Ils avaient fait imprimer des en-têtes de lettres avec des additions en rapport avec leur patriotisme.

ÉGALITÉ, LIBERTÉ, FRATERNITÉ, VERTU.

A l'accusateur public[1].   Bordeaux, le 26 floréal an 2 (15 mai 1794)
En donner avis à la police.   de la République française, une, in-
—   divisible et impérissable.
*En avertir la Commune
de Bordeaux.*

Le Comité révolutionnaire de Surveillance de la Commune de Bordeaux à la Municipalité de Paris :

Frères et amis, il y a deux mois que nous fîmes mettre en arrestation le citoyen Toulan, natif de Toulouse et domicilié à Paris depuis plusieurs années, dans deux sections différentes, savoir sur celle des Feuillants, et par suite sur la section de ce nom, rue du Monceau-Saint-Gervais, en face de Lorme, n° 13.

Toulan a occupé, nous dit-il, plusieurs fonctions publiques telles que celles d'employé et chef du bureau des biens des émigrés du district de Paris. Commissaire de section et par suite élu deux fois à celle de représentant de la Commune du 10 août et à la Commune provisoire. Au 31 mai, 1er et 2 juin, il était en fonction municipale, envoyé pour inviter les différentes communes environnantes de s'unir à la municipalité de Paris. Il n'a cessé, ajoute-t-il, ces fonctions qu'à l'organisation définitive de la municipalité actuelle.

Ce citoyen partit de Paris pour Toulouse le 7 octobre, vieux style, et s'est soustrait par la fuite à un mandat d'arrêt lancé contre lui par les autorités constituées de Paris, attendu qu'il était soupçonné d'avoir eu des conférences secrètes avec les prisonniers détenus au Temple.

Ce citoyen a été arrêté ici pour n'avoir pas eu de carte de civisme, ni rien qui nous prouvât qu'il était un bon citoyen.

Nous vous invitons donc, Frères et amis, à nous fixer sur

---

1. Notes écrites par un membre de la municipalité de Paris.

le compte de ce citoyen. S'il est bon patriote ainsi qu'il nous l'a dit dans son interrogatoire, il mérite de jouir de la liberté et de l'estime de tous ses concitoyens, comme aussi s'il a trompé la confiance publique, il mérite toute la haine qu'on doit aux traîtres.

Salut et fraternité.

Les membres du comité,

Morel président, Barreau, Laye, Plenaud.

Le lendemain ces membres du comité réfléchirent qu'ils avaient peut-être eu tort d'adresser leur lettre à la municipalité de Paris, et ils résolurent d'informer directement le grand pourvoyeur de la guillotine, Fouquier-Tinville lui-même, qui devait connaître Toulan, puisque celui-ci avait comparu devant lui, ainsi qu'ils l'avaient compris d'après ses dires.

Égalité. Liberté. Fraternité. Vertu[1].

Bordeaux, le 27 floréal an 2 (16 mai 1794) de la République française, une, indivisible et impérissable.

Le Comité révolutionnaire de Surveillance de la Commune de Bordeaux à l'Accuzateur public près le Tribunal révolutionnaire de Paris.

Citoyen,

Nous fîmes arrêter comme suspect il y a environ deux

[1]. Nous donnons, par exception, cette pièce avec son orthographe et sa ponctuation, à titre de curiosité.

mois le citoyen Toulan qui dans son interrogatoire nous a dit avoir été en 1791 officier municipal et successivement commissaire de section, &ᵃ. Il nous a déclaré encore qu'il avait paru devant ton tribunal et qu'il y avait été acquitté.

Ayant des soubson sur ce particulier nous communiquâmes son interrogatoire au Citᵉⁿ Izabeau, représentant du peuple qui voulut bien ce charger décrire à paris pour y demander des renseignements sur son compte. Chaque jour nous attendions ces renseignements et voyant le temps secouler sans qu'ils nous parviennent nous avons pris le party de nous adresser à toy pour nous les fournir. Tu dois le connaître puisqu'il a paru devant toi, quoyqu'il en soit il ne sera pas difficile en prenant quelques informations, de nous rendre le service que nous te demandons. Nous le désirons d'autant plus que ne connaissant en aucune manière Toulan, nous aurions aurions (sic) beaucoup à souffrir s'il ne méritaient pas la détention qu'il éprouve. S'il est coupable, nous le ferons juger et s'il est innocent nous devons au plus tôt le rendre à la liberté.

Veuille donc, frère amy, fixcer nos incertitudes.

Veuille nous mettre en même de connaître Toullan, et compte sur l'attachement que ton voués tes frères et amis.

Les membres du comité,

MOREL pᵈᵗ, BARREAU sʳᵉ, LAYE, BLANCART jeune, PLENAUD.

La précaution était louable, mais superflue. Dans ce temps-là les dénonciations s'égaraient rarement. La municipalité de Paris s'était empressée de transmettre à Fouquier-Tinville la lettre des citoyens de Bordeaux,

Paris, 4 prairial, l'an 2ᵉ de la République française (23 mai 1794).

Le maire de Paris à l'accusateur public du Tribunal révolutionnaire.

Citoyen, je te fais passer ci-joint la lettre adressée le 26 floréal à la municipalité de Paris par le comité révolutionnaire de surveillance de la commune de Bordeaux. Comme tu es à portée d'avoir des renseignements certains sur le citoyen Toulan dont il est question dans cette lettre, j'ai cru devoir te l'adresser pour te mettre à portée de faire contre cet individu toutes les poursuites convenables.
Salut et fraternité,

LESCOT-FLEURIOT.

Les administrateurs de police venaient à la rescousse.

COMMUNE DE PARIS

DÉPARTEMENT
de
POLICE

Le 5 prairial (24 mai 1794), l'an deuxième de la République française, une et indivisible.

Au citoyen accusateur public près le Tribunal révolutionnaire.

Citoyen,

Le citoyen maire nous ayant informé qu'il t'a fait parvenir une lettre qui lui a été adressée par le comité de surveillance de Bordeaux, relativement à l'arrestation dans cette commune du citoyen Toulan, qui, en octobre dernier, s'est soustrait par la fuite à un mandat d'arrêt décerné contre lui comme prévenu d'avoir eu des conférences secrètes avec les prisonniers du Temple, nous te donnons avis que nous avons dans nos bureaux une expédition du procès-verbal qui constate son évasion et l'opposition des scellés sur ses papiers. Si cette pièce t'est nécessaire, fais-nous-le savoir et nous te l'enverrons aussitôt.

Les administrateurs de police,
Souquoy. Muzet[1].

Il est regrettable que Fouquier n'ait pas jugé utile la pièce qu'on lui offrait : nous la posséderions aujourd'hui. Au lieu d'être jointe aux dossiers du Tribunal révolutionnaire, qui, déposés aux Archives, ont tous été conservés, elle est restée à l'Hôtel de Ville, où elle a disparu dans l'incendie de ce monument, en 1871, incendie allumé par les successeurs des Souquoy et des Muzet.

Le terrible accusateur public, mis en éveil par ces lettres et ces dénonciations, se souvenait fort bien de Toulan, ce municipal qui avait bravé les agents de la Commune et qui avait su échapper à son Tribunal révolutionnaire. On le tenait donc enfin !

Fouquier écrivit aussitôt en marge de la dénonciation à lui adressée par le comité de surveil-

---

1. Archives nationales, W. 296, n° 261.

lance de Bordeaux les instructions suivantes :

« *Chercher les pièces Michonis.*

« *Demander l'acte d'accusation Toulan.*

« *Répondre à la présente et annoncer que Toulan a été accusé, mais n'a pas paru au tribunal, et au contraire qu'il a pris la fuite; inviter le comité de faire mettre à exécution au plus tôt le mandat cy-inclus.*

« *Me remettre ensuite la présente.*

« *Écrit le 7 prairial*[1]. *Envoyé le mandat.* »

Ainsi prévenus, les membres du comité de surveillance, joyeux de leur capture, fiers de leur perspicacité, et heureux d'avoir à envoyer à la mort un échappé du Tribunal révolutionnaire, s'empressèrent de diriger Toulan sur Paris.

Ils écrivaient le 15 prairial an II (3 juin 1794) à l'accusateur public :

Frère et ami,

Conformément à la demande que tu nous as faite, nous faisons partir aujourd'hui le citoyen Toulan, sous la garde et responsabilité de la gendarmerie à qui nous avons remis un paquet à ton adresse contenant :

1° L'interrogatoire que nous lui avons fait subir;
2° Le procès-verbal de la levée des scellés;

1. 26 mai 1794.

3° Deux passeports, l'un de Toulouse et l'autre de Neuilly-sur-Marne.

Tu trouveras aussi dans le même paquet les papiers qu'on a extraits de chez lui, à la levée des scellés.

Nous désirons que tu sois satisfait de la vigilance que nous avons mise à faire cet envoi. Compte toujours sur notre zèle (à te) seconder dans tes travaux pénibles.

Nous sommes tes amis et frères.

Les membres du comité,

Plenaud secrétaire, Michenot président.

Nous n'avons aucun document qui révèle l'état d'esprit de Toulan depuis son interrogatoire. Il est en prison, peut-être au secret. Sa femme, qui, à Paris, dans des circonstances moins critiques, a eu besoin de l'aide et de la direction de la cousine Ricard, est impuissante à le secourir. D'ailleurs qui connaît-elle à Bordeaux? Qui implorerait-elle dans cette ville, où elle vient d'arriver? Son espoir, si un espoir lui reste, n'est plus que dans l'habileté du Gascon, dans la bonne chance qui l'a favorisé jusqu'à présent...

Le répit que, sans le vouloir, le silence d'Isabeau a valu au prisonnier est d'un heureux augure. Qui sait? Toulan reprend peut-être confiance; peut-être se flatte-t-il de détourner le coup qui le menace et d'échapper une fois encore à ses ennemis?...

Non, la fortune s'est lassée : elle abandonne le malheureux. Celui qui a bravé les plus grands dangers, celui qui a sauvé dix fois sa tête dans les occasions les plus terribles, est la victime d'un médiocre incident. Il lui manque une carte de civisme ; cela suffit pour qu'on l'emprisonne.

On l'interroge, il dédaigne les dénégations. D'ailleurs il a été acquitté ; puis n'est-il pas un patriote ? En dehors de la pitié qui l'a fait pactiser avec les amis de la royauté, et qui l'a mêlé à un complot, dirigé assurément moins contre la République, alors à l'abri de toute atteinte, qu'en faveur d'une femme, d'une mère captive, que lui reproche-t-on ? Quel citoyen plus que lui a prouvé son patriotisme ? Il peut invoquer des témoignages, citer des dates, le 30 juin 1789, le 10 août 1792, le 31 mai, les 1er et 2 juin 1793, montrer sa médaille commémorative, sa signature sur la pétition contre les Vingt-deux... Vaines défenses ! Fouquier n'admet pas les compensations, et les crimes, ou ce qu'il qualifie tels, ne se rachètent pas.

A partir du moment où il est arrêté, l'histoire de Toulan réside tout entière dans des documents officiels, filandreux et naïfs comme ceux de Bordeaux, froids et terribles comme ceux de Paris.

Sur la dernière lettre, Fouquier écrit :

« *Mandat d'arrêt et reçu par duplicata le 4ᵉ messidor (22 juin).*

« *Conciergerie.* »

On sait ce que ce mot signifiait...

CHAPITRE IX

Redoublement de la Terreur. — La guillotine transférée à la place du Trône-Renversé. — Toulan à Paris. — Le Tribunal révolutionnaire. — Les juges et les jurés. — L'acte d'accusation. — Ses compagnons. — Jugement. — Condamnation capitale. — Exécution.

La Terreur redoublait.

Pour avoir un prétexte à condamnation, les égorgeurs avaient inventé les fabuleuses conspirations des Prisons et de l'Étranger. Tout individu arrêté était traduit au Tribunal révolutionnaire et reconnu coupable d'avoir fait partie de l'une ou de l'autre. On pouvait d'autant moins s'en défendre qu'elles n'avaient jamais existé.

Les acquittements étaient rares, un dixième environ. Quant au nombre des condamnés, qui avait été de douze cent soixante-neuf du 10 mars 1793 au 10 juin 1794, il fut, de cette date au 9 thermidor, de quatorze cents individus.

Chaque jour des fournées entières comparaissaient devant le Tribunal, et leur supplice suivait immédiatement leur condamnation. « Cela va bien, disait Fouquier, les têtes tombent comme des ardoises. »

La lugubre charrette conduisait d'abord les victimes sur la place de la Révolution, l'ancienne place Louis XV, aujourd'hui place de la Concorde. Mais les habitants de ce quartier, et principalement ceux de la rue Saint-Honoré, se plaignirent d'un tel spectacle, si nuisible au commerce et aux transactions ordinaires de la vie. On écouta leurs plaintes, et l'échafaud fut transporté d'abord place de la Bastille, puis à la barrière de Vincennes ou du Trône-Renversé, aujourd'hui place du Trône.

Ces réclamations, malgré la Terreur, indiquaient un état d'esprit propice à une réaction. De fait, elle était dans tous les cœurs, sauf chez quelques Montagnards attardés. Robespierre lui-même penchait vers la clémence : il trouvait que le sang avait assez coulé.

Mais il n'était pas de taille à enrayer le mouvement lancé et qu'il personnifiait malgré lui. On le rendait, non sans raison, complice de tous les crimes de la Révolution, et l'auteur des supplices ; la double exécution des Hébertistes et des Dantonistes donnait raison à cette opinion populaire.

Un pareil régime, qui n'a été possible qu'à la suite du plus grand bouleversement des temps modernes, alors que les derniers liens de la vieille société craquaient de toutes parts, et à la faveur des diversions et des périls causés par l'étranger, ne pouvait durer. Toulan, arrivé à Paris le 4 messidor (22 juin), échapperait-il à Fouquier jusqu'à la réaction prévue, certaine?

Fouquier était pressé, soit qu'il sentît le terrain trembler sous ses pieds, soit que l'excès même des supplices appelât les supplices. Il se montrait infatigable et le Tribunal, grâce à lui, était sans relâche abondamment pourvu de victimes.

Huit jours après son arrivée, le 12 messidor (30 juin), l'ancien membre de la Commune était traduit devant ces juges impitoyables.

L'acte d'accusation, en ce qui le concernait, avait été rédigé par l'accusateur public avec une insigne mauvaise foi :

Antoine-Quentin Fouquier contre François-Adrien Toulan, etc.

Qu'examen fait des pièces adressées à l'accusateur public, il en résulte :

Que Toulan entretenait des intelligences avec la femme Capet, qu'il a eu avec elles des entretiens secrets ; notamment qu'un jour Toulan fit enfermer Capet fils et sa sœur dans l'une des tourelles, à l'effet de rester seul avec ces deux femmes; qu'en effet il les entretint pendant environ une heure et demie, après quoi l'on fit rentrer les deux enfants; que dans un autre moment ledit Toulan a été entendu dire à la veuve Capet et à Élisabeth sa sœur que tous les soirs il enverrait aux environs du Temple à dix heures et demie du soir un colporteur pour crier toutes les nouvelles qui pourraient les intéresser; qu'il a été remarqué un jour que ces deux femmes ne se sont couchées qu'à onze heures du soir, en marquant beaucoup d'humeur de ce qu'elles n'avaient pas comme à l'ordinaire entendu les cris de ce colporteur;

Que pour prix de ses complaisances envers le tyran et sa famille, il paraît que Toulan a reçu entre autres présents une boîte d'or; ce fait a été avancé et reconnu publiquement lors des débats qui ont eu lieu pour parvenir au premier jugement de Michonis et autres officiers municipaux; qu'il a pareillement été reconnu dans le cours des mêmes débats que Toulan, lors de l'exécution de Capet, avait trouvé le moyen de s'emparer du chapeau de Capet et de mettre le sien à la place, et qu'il avait remis le chapeau à Marie-Élisabeth, que c'est enfin Toulan qui avait remis à Capet la liste des électeurs de Paris qui s'est trouvée dans l'armoire de Capet...

Ces accusations étaient un mélange de vérités et de faussetés. Les premières ne reposaient que sur le témoignage arraché par Hébert à l'imbécillité d'un enfant maladif, atrophié physiquement et moralement. Cela seul eût dû les rendre suspectes et les faire écarter, bien qu'en fait elles fussent conformes à la réalité. Mais que dire des autres allégations? Sur ces points, Fouquier-

Tinville mentait, et, qui plus est, mentait sciemment. La note, que nous avons reproduite et qui montre qu'il se fit communiquer le dossier Michonis, prouve qu'il a altéré la vérité d'une façon cynique.

Rien dans le dossier Michonis n'établit que le fait par Toulan d'avoir reçu de Marie-Antoinette une boîte d'or a été reconnu publiquement; de même pour l'histoire du chapeau; de même pour la liste des électeurs remise à « Capet ».

A coup sûr, Toulan avait conspiré en faveur de la Reine, mais les preuves de cette conspiration n'existaient point au procès, la conspiration n'était même point soupçonnée. Jarjayes, Lepître et Turgy ne devaient parler que plus tard et pour la seule postérité.

Les faits allégués étaient, pris isolément, de peu d'importance, et peu concluants. Mais Fouquier-Tinville fit en cette occasion ce qu'il avait coutume de faire, il groupa autour de Toulan dix-neuf autres accusés, qui ne se connaissaient point entre eux, ou dont quelques-uns seulement étaient impliqués dans la même affaire.

La liste en est curieuse, car elle montre combien le Tribunal révolutionnaire était éclectique et qu'il ne dédaignait aucune victime, même tirée des classes sociales inférieures.

Avec Toulan figuraient sur les bancs des accusés un ancien président à mortier au parlement de Toulouse, Nicolas Pichard, sa femme et Jean Clerc, son régisseur; deux habitants du Calvados, Michel et Noel Taillepied, l'un cultivateur et l'autre perruquier; un adjudant-major du 6e bataillon de la Manche, J.-B. Mausin; un sculpteur, Victor Laguepierre; le président du tribunal de Rethel, Stanislas Vuibert, et un libraire qui avait imprimé une brochure pour lui, J.-B. Raucourt; un tonnelier, F. Dubois; un agriculteur, Guillaume Lagoudie; un cuisinier, Jean Bellegou; un menuisier, Pierre Caillet; un boulanger, Nicolas Houlier; une marchande de mouchoirs, Marie-Anne Ferrand; une rentière, Marie-Catherine Palissier, Vve Duvernay; puis un ex-curé, Jean-Louis Mérot, un ex-procureur, Georges Vechembre, et une ex-marquise, Anne-Marie-Thérèse de Feuquières.

De même qu'on avait groupé leurs noms, on groupa les accusations portées contre eux, et, au lieu d'établir en regard de chaque nom l'énoncé qui y correspondait, on déclarait les inculpés en bloc « convaincus de s'être rendus les ennemis du peuple, soit en entretenant des correspondances et des intelligences avec les ennemis intérieurs et extérieurs de la République pour leur fournir un secours en hommes et en argent;... soit en provoquant par des arrêtés, imprimés ou à la main, l'avilissement et la dissolution de la représentation nationale ou le rétablissement de la royauté;... soit en commettant des concussions contre la République;... soit en portant les armes dans l'armée anglaise de Toulon, ou dans celle des fédéralistes dans le département d'Eure-et-Loir;... soit en cherchant à exciter des troubles et la révolte parmi les ouvriers employés aux travaux publics;... soit en entretenant comme fonctionnaire public des intelligences avec la femme Capet et sa sœur lors de leur détention au Temple;... soit en prenant de fausses qualités au moyen desquelles plusieurs patriotes ont été vexés et incarcérés arbitrairement;... enfin, en cherchant à armer les citoyens les uns contre les autres et particulièrement contre les autorités constituées.... »

Cette confusion voulue, accomplie contre les règles judiciaires les plus élémentaires et au mépris des droits sacrés de la défense, était une aggravation épouvantable des charges portées contre ces malheureux. Comment, avec un accusateur passionné et habile, un président partial, les jurés, triés parmi ceux dont on était sûr, pouvaient-ils dégager la vérité au milieu de cette confusion et se prononcer en connaissance de cause?

Le Tribunal, ce jour-là (12 messidor an II, 30 juin 1794), était composé de Scellier, président, qui fut jugé et guillotiné après le 9 thermidor, de Charles Harny et d'Antoine-Marie Maire, juges; de Fouquier-Tinville, accusateur public, jugé et guillotiné avec Scellier (17-18 floréal an III, 6-7 mai 1795); les jurés étaient Renaudin, Billion, Depréaux, Lumière, Prieur, Marbel et Chatelet, ce dernier connu par l'habitude qu'il avait prise de mettre simplement un F[1] à côté du nom de ceux qu'ils voulaient condamner. Quatre d'entre eux, qui avaient partagé les crimes de Fouquier et de Scellier, devaient les accompagner au supplice : c'étaient Renaudin, Lumière, Prieur et Chatelet. Ce jour-là le grand F fut pour lui.

Le procès-verbal de la séance du Tribunal criminel révolutionnaire, « établi par la loi du 10 mars 1793 et en vertu de la loi du 5 avril de la même année », est d'une sécheresse et d'un laconisme effrayants.

L'audience s'ouvrit à dix heures du matin. Après l'appel des accusés, on fit l'appel des témoins : il y en avait six, mais tous les six se rapportaient à l'affaire du boulanger Nicolas Houlier.

---

1. *Foutu.*

Puis le dossier porte cette note : « Les débats ont été fermés », ce qui prouve qu'ils ont à peine été ouverts. On se borna à un bref interrogatoire des prévenus.

Le procès-verbal reprend : « Ledit citoyen Fouquier a été entendu sur les moyens de justifier l'accusation ». Et c'est tout. Le papier imprimé prévoyait une défense. Les malheureux, privés d'avocats [1], n'eurent pas même l'illusion de croire qu'ils pourraient combattre les charges arguées contre eux; et, sur la feuille, le greffier a rayé ces mots inutiles : « ... et après lui le défenseur de... accusé... sur... défense. »

Les jurés prononcèrent aussitôt le verdict. En ce temps, il n'y avait aucune échelle des peines : on était condamné à mort ou renvoyé absous. Sur les vingt accusés, par une clémence extraordinaire, et qui dépasse la normale de 10 p. 100, cinq furent acquittés : Laguepierre, Raucourt, Dubois, Caillet et Houlier; les autres, sans qu'il y eût contre eux plus de preuves que contre ceux-ci, furent condamnés à mort.

Et le procès-verbal ajoute :

« Ordonne qu'à la diligence de l'accusateur public, le présent jugement sera exécuté dans

---

1. La loi du 22 prairial refusait des défenseurs aux « conspirateurs ».

les vingt-quatre heures, sur la place dite Barrière de Vincennes. »

Fouquier-Tinville n'attendit pas vingt-quatre heures. Des charrettes, toujours attelées, stationnaient dans la cour du Palais de Justice. Au sortir de l'audience, on y fit monter les quinze condamnés et on les conduisit au supplice.

On n'a aucune relation sur leur attitude, mais dans cette époque, où l'on mourait si courageusement, avec une soumission passive vraiment surprenante, il est certain qu'ils firent comme tous. En pouvait-il être autrement pour Toulan, qui avait, dans sa vie, donné déjà tant de preuves de son héroïsme ?...

Ainsi périt, le 30 juin 1794, cet homme de cœur, qui faillit jouer un si grand rôle auprès de la fille de Marie-Thérèse et qui, resté soldat obscur d'une cause désespérée, fut le seul à en devenir la victime. La chance heureuse qui l'avait protégé longtemps, se déroba à lui quelques semaines trop tôt. Vingt-sept jours après sa mort, Robespierre tombait, la Terreur cessait, les prisons s'ouvraient : c'était le Neuf Thermidor — qui eût sauvé « Fidèle » !

CHAPITRE X

ÉPILOGUE

De tous les personnages qui avaient été mêlés au complot formé pour délivrer la famille royale en février-mars 1793, Toulan seul monta sur l'échafaud. Les autres, après avoir subi des fortunes diverses, se trouvèrent en France, au moment de la Restauration, et reçurent de Marie-Thérèse, devenue duchesse d'Angoulême, les marques de sa reconnaissance.

Avant d'arriver à cette situation heureuse, les tribulations ne leur manquèrent point.

Le chevalier de Jarjayes, resté à Turin, fut longtemps agité des plus grandes craintes à l'égard de sa femme : craintes trop justifiées d'ailleurs. On se rappelle que Mme de Jarjayes, arrêtée le 15 octobre, avait été conduite à la Force. Elle y demeura prisonnière six semaines, au bout desquelles on la relâcha. Mais, arrêtée de nouveau peu de temps après, elle fut enfermée au couvent des Anglaises. Pendant les neuf mois que dura sa détention, elle courut les plus grands dangers. Le moindre hasard mauvais pouvait la faire porter sur la liste des prisonniers appelés devant le Tribunal révolutionnaire, qui l'eût infailliblement condamnée. Elle fut sauvée par le Neuf Thermidor qui ouvrit définitivement pour elle les portes de la prison

Pendant ce temps, le général, malgré la protection du roi de Sardaigne, végétait dans un état voisin de la misère, et souffrait de l'inaction où on le retenait. Le 18 février 1794, il écrivait à M. de Fersen :

... Mes vues (ainsi que celles de l'ami avec lequel je suis sorti de France et que j'avais attiré auprès de moi au dépôt général de la Guerre, dont j'étais directeur) sont d'obtenir du service dans l'armée du prince de Cobourg. J'ai été reçu parfaitement par le roi de Sardaigne, et cet excellent prince continue à me combler de bontés; mais tous mes efforts ont été vains jusqu'à présent pour lui être de quelque utilité, et il me paraît trop cruel d'être uniquement témoin d'un système d'inertie qui, sans des événements qu'on n'a pas le droit d'attendre, conduira infailliblement le Piémont à sa perte...

Vous imaginerez aisément, Monsieur le Comte, que ce n'est pas après du service que je cours, mais après une existence quelconque, qui puisse me mettre à même de retirer ma malheureuse femme de France, et de jouir, dans la retraite, de la seule consolation qui puisse désormais nous convenir à l'un et à l'autre, qui est le souvenir des bontés de notre grande et infortunée souveraine. Aucune pensée d'intérêt ne s'est jamais mêlée à mon dévouement pour cette princesse; je suis resté auprès d'elle autant que j'ai pu la servir...

... Je ne peux concevoir quelque espérance de voir réaliser le seul projet qui me convienne qu'autant que vous déterminerez M. le comte de Mercy à présenter à l'Empereur la situation de ma femme et la mienne, de manière à exciter son intérêt et à engager ce souverain à nous donner, au lieu de l'emploi que je sollicite dans son armée, un asile et un secours suffisant pour nous y faire subsister, jusqu'au moment où je pourrai retirer mes biens de France, ou réaliser les billets sur Bruxelles dont je vous ai parlé dans ma dernière lettre...

... Quel attrait peut avoir pour moi la carrière militaire lorsque je suis poursuivi à chaque instant par l'idée que les scélérats, découvrant que je sers dans les armées coalisées, vont égorger ma femme et mes enfants?...[1]

Le Dix-huit Brumaire rendit enfin à la France sa tranquillité et à tous les Français la possibilité de rentrer dans leur patrie. Le chevalier en profita bien vite. Il rejoignit sa femme et ses enfants; et, comme sa fortune avait été considérablement diminuée par les sacrifices accomplis en faveur de Marie-Antoinette et par le malheur des temps, il sollicita et obtint la vice-présidence des salines

---

1. *Le Comte de Fersen et la cour de France*, t. II, pp. 130-132.

de l'Est. En 1815, il fut nommé lieutenant général par Louis XVIII.

Il mourut à Paris le 11 septembre 1822 à l'âge de soixante-dix-sept ans. Mme de Jarjayes lui survécut quinze années, jusqu'au 23 juin 1837.

Que devint « la cousine Ricard »? On l'ignore, mais celui qui portait aussi ce nom, « le mari de jour », fut récompensé par une place dans l'administration de la Loterie royale, tandis que la veuve de Toulan, « Bichette », recevait une pension.

Le dévoué Turgy, qui s'était maintenu au Temple après le transfert de Marie-Antoinette à la Conciergerie, dut enfin le quitter lorsque la captivité de Madame Élisabeth et des enfants royaux devint plus étroite. Le 13 octobre, à six heures du matin, les municipaux lui avaient signifié l'ordre de sortir du Temple sur-le-champ. Il fallait obéir cette fois : avec ses camarades Chrétien et Marchand, il avait dit adieu à cette dernière demeure de ses rois, et il s'était retiré à Tournans, en Brie[1].

Louis XVIII lui accorda des lettres de noblesse et le nomma officier de l'ordre royal de la Légion d'honneur. Malgré son âge avancé, il devint pre-

---

1. *Fragmens*, par Turgy, p. 381.

mier valet de chambre et huissier du cabinet de la duchesse d'Angoulême.

Quant à Lepître, son acquittement et plus tard le Neuf Thermidor lui avaient rendu sa sécurité ; il avait repris avec bonheur l'exercice de sa profession, heureux des souvenirs qui flattaient sa vanité. Il se rapprocha du Temple et obtint d'adresser quelques mauvais vers à Marie-Thérèse.

Pendant toute la durée de l'Empire, il vécut, enseignant la jeunesse et haïssant Napoléon. Le grand homme ne l'éblouissait point. Il avait, dans ses loisirs, écrit l'histoire des événements auxquels il avait été mêlé. Ce récit parut dès 1814, sans nom d'auteur d'ailleurs. Il était orné d'une conclusion où, sous le ton de Bossuet, se déroulait une pensée à la Joseph Prud'homme : « Que les leçons du passé ne soient point perdues pour l'avenir et que le souvenir de tant de maux vous prémunisse contre les excès dont ils furent les suites funestes ! [1] »

Le 19 mai 1814, il fut présenté à Marie-Thérèse qui se rappela les quelques services rendus par lui à ses parents, et plus tard le fit chevalier de la Légion d'honneur (29 novembre 1814). Il rougit alors de n'avoir pas mieux mérité cette récompense

---

1. P. 90.

et cet honneur, et il résolut de s'en rendre tout à fait digne. Il prépara aussitôt une seconde édition de *Quelques Souvenirs*, et il eut soin de rayer ce qui rapetissait son rôle. Toulan avait péri et le chevalier de Jarjayes, né en 1745, était bien vieux, s'il n'était mort. Qui le contredirait?

Il était, depuis 1816, professeur de rhétorique au collège de Rouen; en 1821, il fut nommé à celui de Versailles, et c'est dans cette ville qu'il s'éteignit le 18 janvier 1826, emportant dans l'autre monde la conviction d'avoir été un héros.

FIN

TABLE DES MATIÈRES

Pages.

Préface..   v

PREMIÈRE PARTIE

LE SÉJOUR AU TEMPLE

(13 AOUT 1792. — 21 JANVIER 1793.)

CHAPITRE PREMIER

Le retour à Paris après les journées d'octobre. — La famille royale prisonnière aux Tuileries. — La fuite à Varennes. — L'agonie de la royauté. — Insulte à la famille royale. — Le Dix Août. — Les Feuillants.   3

CHAPITRE II

Le Temple. — La grande Tour. — Sentiments de la famille royale au commencement de la captivité. — Installation provisoire dans la petite Tour. — La vie au Temple. — Le service de bouche. — Les officiers municipaux.. . .   15

CHAPITRE III

Les royalistes restés à Paris. — Tentative inconnue pour délivrer la famille royale. — Le 21 janvier 1793. — Le baron de Batz. — Échauffourée de la porte Saint-Denis. .   27

DEUXIÈME PARTIE

LE COMPLOT

CHAPITRE PREMIER

Pages.

Découragement des royalistes après le 21 janvier. — Le chevalier de Jarjayes. — Le général de Bourcet. — Mariage de M. de Jarjayes. — Les premières femmes de chambre de la Reine. — Importance de ces fonctions. — Missions confiées au chevalier. — Le comte d'Artois à Turin. — Rapports de la cour et de Barnave. — Correspondance secrète. — Billet en langage déguisé. — *Roxane* et *Lucius*. — La veille du Dix Août. — La loge de Logotachygraphe. — Désespoir de M. de Jarjayes. — Il va quitter Paris. — Le 2 février 1793. — L'envoyé de la Reine. — Toulan... 37

CHAPITRE II

Le 30 juin 1789. — Le café de Foy au Palais-Royal. — Les gardes françaises à l'Abbaye. — Mouvement populaire. — On brise les portes de la prison. — La nuit au théâtre des Variétés. — Appel fait à l'Assemblée constituante. — Députation de seize membres au Roi. — Réponse du Roi. — Délivrance des prisonniers. — Toulan ; son origine, son mariage. — Il vient à Paris. — Président de district à la Fédération de 1790. — Insurgé au Dix Août. — Membre de la Société des hommes du Dix Août. — Membre de la Commune. — Il est de garde au Temple le 19 septembre 1792. — Son dévouement aux prisonniers. — Son attitude et ses propos révolutionnaires. — Menus services rendus par lui. — Après le 21 janvier, ses craintes pour la Reine. — Il forme un plan pour sa délivrance. — La Reine accepte. — Mission de Toulan auprès de Jarjayes.. 54

CHAPITRE III

Entretien de Toulan et de Jarjayes. — Celui-ci veut voir la Reine. — Difficulté de l'entreprise. — Le ménage Tison. — Précautions de la Commune à leur égard. — Seconde entrevue. — Second billet de la Reine. — Toulan trouve un moyen. — Déguisement du chevalier. — Il pénètre dans le Temple. — Il voit la Reine. — Description de la chambre de Marie-Antoinette. — Émotion du chevalier. — Craintes de la Reine. — Troisième billet. — Réponse Jarjayes. — Quatrième billet............... 71

CHAPITRE IV

Entrevues fréquentes de Toulan avec Jarjayes et avec la Reine. — Les prisonniers ne veulent pas être séparés. — Surveillance des commissaires du Temple. — Organisation du service de surveillance. — Les deux commissaires. — Nécessité de trouver des complices. — Choix difficile. — Désignation de la Reine............... 85

CHAPITRE V

Jacques-François Lepitre. — Son caractère. — Représentant de la Commune de Paris. — Membre de la Commune provisoire. — Son premier service au Temple. — Son royalisme caché. — Il se fait connaître au Roi, à la Reine. — Ses relations avec Toulan. — Romance offerte par lui à Louis XVII. — Il est président du comité des passeports. 89

CHAPITRE VI

L'imagination de Lepitre s'enflamme. — Réflexions. — La Reine insiste. — Il faut l'avoir coûte que coûte. — Sacrifice d'argent. — Appel à M. de la Borde. — Jarjayes refuse ce concours nouveau. — Trop de complicités. — Cinquième billet. — Jarjayes et Lepitre. — Accord. — Sixième et septième billets. — La boîte en or...... 95

CHAPITRE VII

Plan d'évassion. — Réunion chez Lepitre. — Toulan amène son ami « Ricard ». — Distribution des rôles. — Précautions prises au Temple contre les indiscrétions possibles. — Déguisements de la Reine et de Madame Élisabeth. — Vêtements apportés au Temple par les commissaires. — Le chapeau de Toulan. — Écharpes tricolores. — Déguisement de Marie-Thérèse. — Le lampiste et ses enfants. — Difficulté de faire sortir Louis XVII. — Nouveau complice.. 100

CHAPITRE VIII

Le 13 août à la porte du Temple. — Ruse employée par Turgy pour suivre la famille royale. — Services rendus. — Correspondance secrète. — Relations faciles avec le dehors. — Le petit Roi. — Enlèvement dans une corbeille. 108

CHAPITRE IX

Surveillance de Tison et de sa femme à déjouer. — Tabac d'Espagne. — Narcotique. — Sortie du Temple. — La Reine et Lepitre. — Madame Royale et Ricard. — Le petit Roi et Turgy. — Madame Élisabeth et Toulan. — Rue de la Corderie. — Les trois cabriolets. — Fuite vers le Havre. — Amabert. — Chances de réussite........ 114

CHAPITRE X

Tergiversations de Lepitre. — Ses craintes. — Prétexte invoqué pour retarder l'exécution du projet. — Le temps presse. — Efforts de la Reine pour vaincre sa pusillanimité. — Le 1er mars 1793. — « *La Piété Filiale.* » — Les cheveux de la Reine, du petit roi, de Marie-Thérèse. — « *Poco ama ch' il morir teme.* » — « *Tutto per loro.* » — Bonnet tricoté par Madame Élisabeth. — Complications extérieures.. 125

CHAPITRE XI

Nouveau projet de Toulan et de Jarjayes. — La Reine seule peut s'évader. — Sur les instances de Madame Élisabeth, elle consent. — Le sommeil du petit Roi. — Elle refuse. — Billet à Jarjayes. 135

TROISIÈME PARTIE

L'ANNEAU ET LE CACHET DE LOUIS XVI

CHAPITRE PREMIER

L'anneau et le cachet du Roi. — Procès-verbal de la Commune. — Séquestre de Cléry. — Rapt audacieux accompli par Toulan. 145

CHAPITRE II

La Reine fait remettre les objets à Jarjayes par Toulan. — Billet qui les accompagne. — Double mission du chevalier. — A Bruxelles. — Un ami de la Reine, le comte Jean Axel de Fersen. — Son voyage à Paris, février 1792. — A Hamm. — Le frère du Roi. — Souvenirs anciens. — Préventions et craintes. — L'empereur François II. — Lettres de la Reine. — Septeuil, ancien trésorier de la Liste civile. — Lettres de Marie-Antoinette, de Madame Élisabeth, des enfants royaux au comte de Provence et au comte d'Artois. — Dernier billet de Marie-Antoinette à M. de Jarjayes. — « *Adieu!* ». 151

CHAPITRE III

Départ de M. de Jarjayes. — M. de Joly. — Madame de Jarjayes restée à Paris. — Dangers qu'elle court. — M. de Jarjayes à Turin. — La cour de Sardaigne. — Propos des émigrés contre le chevalier. — Message au comte de Provence. — Surprise de ce prince. — Lettre de remerciement. — La Reine ignore le succès de la mission. — Récit de Madame Royale. — Cléry à Blankenbourg.. 167

QUATRIÈME PARTIE

LES SUITES DU COMPLOT

CHAPITRE PREMIER

Soupçons. — Premières dénonciations d'Arthur. — Justification de Lepitre et de Toulan. — On les écarte du service du Temple. — Dénonciation des Tison. — Perquisitions chez les prisonniers. — Le chapeau de Toulan. — Folie de la femme Tison... 183

CHAPITRE II

Toulan aux alentours du Temple. — Signaux convenus. — Correspondance par l'entremise de Turgy. — Billet de Madame Élisabeth. — *Produse.* — Agitations politiques. — Comité des Douze. — Opposition de la Commune. — Pétition contre les Girondins. — Lepitre refuse de signer. — Toulan signe. — Insurrection des 31 mai et 2 juin. — Toulan va dans la banlieue. — Tentative du baron de Batz ignorée de Toulan.. 192

CHAPITRE III

Prophéties. — *Mirabilis Liber.* — Louis XVII séparé de sa mère. — Toulan informé de tout par les billets de Madame Élisabeth. — Tentative officielle de délivrance. — Maret et Sémonville. — Politique de l'Autriche. — M. de Thugut. — Arrestation des plénipotentiaires. — Exaspération populaire. — Revers en Vendée. — Reddition de

TABLE DES MATIÈRES.

Mayence et de Valenciennes. — Disette. — Renouvellement du Comité de salut public.—Marie-Antoinette, renvoyée devant le Tribunal révolutionnaire, est transférée à la Conciergerie. — Toulan et Michonis. — Le chevalier de Rougeville. — Réélection du Conseil de la Commune. — Toulan ni Lepitre ne sont réélus............ 201

CHAPITRE IV

Toulan est arrêté le 7 octobre. — Son sang-froid. — Il s'évade. — Le 8 octobre. — Arrestation de Lepitre. — Sainte-Pélagie. — Procès de la Reine, 14-15 octobre. — Lepitre témoin. — Sa déposition. — Arrestation de Mme de Jarjayes.—Condamnation et exécution de Marie-Antoinette (16 octobre)................ 214

CHAPITRE V

Toulan quitte Paris le 7 octobre. — Neuilly-sur-Marne. — Passeport antidaté. — Il rentre dans Paris. — Signaux. — Son imprudence.—Recommandation de Madame Élisabeth. — Entrevue avec Turgy. — Dernier billet de Toulan. — Dernière réponse qui ne lui parvient pas. — Fuite de Paris. — Corbeil. — Le coche d'Auxerre. — La Charité. — Toulouse................. 226

CHAPITRE VI

Le bruit de la dénonciation a précédé Toulan à Toulouse. — Dangers d'un plus long séjour dans cette ville. — Il songe à fuir. — Passeport falsifié. — Départ de Toulouse le 26 octobre. — Arrivée à Bordeaux. — La baraque du quai de Royan. — Écrivain public. — Le Roman de « Rosalie ».................. 233

CHAPITRE VII

Toulan installé à Bordeaux. — Il cherche à faire du commerce. — Sa correspondance avec sa femme et sa cousine. — *Ricard — Ricardin — Guy*............ 250

CHAPITRE VIII

Pages.

Germaine Toulan à Bordeaux. — Nouvelles de Paris. — Jugement des complices de Toulan (novembre 1793). — Leur acquittement. — Toulan reprend son nom. — Carte de civisme. — Il est arrêté le 5 germinal an II (25 mars 1794). — Son interrogatoire. — On le dénonce à Isabeau. — Celui-ci n'en tient pas compte. — Toulan en prison ... 282

CHAPITRE IX

Redoublement de la Terreur. — La guillotine transférée à la place du Trône-Renversé. — Toulan à Paris. — Le Tribunal révolutionnaire. — Les juges et les jurés. — L'acte d'accusation. — Ses compagnons. — Jugement. — Condamnation capitale. — Exécution.................. 313

CHAPITRE X

Épilogue........................... 323

LIBRAIRIE PAUL OLLENDORFF
28 bis, Rue de Richelieu, Paris

Collection grand in-18 à 3 fr. 50 le volume.

ALLARD (Léon). — Les Vies muettes. (Ouvrage cour. par l'Académie française.)

BASTARD (George). — Sanglants Combats. — Un jour de Bataille. — La Défense de Bazeilles.

BAUQUENNE (Alain). — L'Écuyère. — Amours cocasses. — La Belle Madame Le Vassart.

BLACHE (Noël). — Césarin Audoly. — Au Pays du Mistral. — Clairs de Soleil. — Melcy. — M. Peymarlier.

BLAVET (Émile) (Parisis). — La Vie Parisienne (1885). — La Vie Parisienne (1886). — La Vie Parisienne (1887).

CAHU (Théodore). — Chez les Allemands. — Petits Potins militaires.

CATULLE MENDÈS. — Les Boudoirs de Verre. — Pour les belles personnes. — L'Envers des Feuilles.

CLAVEAU (A.). — Contre le flot. (Ouvrage couronné par l'Académie française).

COQUELIN CADET. — Le Rire.

COQUELLE (P.). — L'Homme au Diamant.

DELAIR (Paul). — Louchon. — Les Contes d'à présent.

DARIMON (Alfred). — Notes pour servir à l'histoire de la Guerre de 1870.

DELPIT (Albert). — Le Fils de Coralie. — La Marquise. — Le Père de Martial. — Les Amours cruelles. — Solange de Croix-Saint-Luc. — Mlle de Bressier. — Thérésine. — Disparu.

DUCRET (Edouard). — Chignon d'or. — Amoureuse.

GAGNIÈRE (A.). — Les Confessions d'une Abbesse du XVIe siècle.

GANDILLOT (Léon). — Les filles de Jean de Nivelle.

GAULOT (Paul). — Mlle de Poncin. — Le Mariage de Jules Lavernat. — L'Illustre Casaubon.

GOUDEAU (Émile). — Le Froc.

HÉRISSON (Cte d'). — Le Journal d'un Officier d'ordonnance. — Le Journal d'un Interprète en Chine. — Le Cabinet noir. — La Légende de Metz. — Autour d'une Révolution.

JANKA WOHL. — François Liszt. (Souvenirs d'une Compatriote.)

KERATRY (Comte E. de). — A travers le passé.

LAUNAY (de). — Les Demoiselles Sévellec. — Discipline. (Ouvrage couronné par l'Académie française.)

LEGOUX (Jules). — Les Propos d'un Bourgeois de Paris. — Hommes et Femmes. — Les Reflets.

LIONNET (les frères). — Souvenirs et Anecdotes.

LOCKROY (Ed.). — Ahmed le Boucher.

MAIZEROY (Réné). — Bébé million.

MARC DE CHANDPLAIX. — Louloute.

MARNI (J.). — La Femme de Silva. — Amour coupable.

MAUPASSANT (Guy de). — Les sœurs Rondoli. — Monsieur Parent. — Le Horla. — Pierre et Jean. — Clair de Lune.

MIRBEAU (Octave). — Le Calvaire. — L'Abbé Jules.

MORELL-MACKENZIE. — La Dernière Maladie de Frédéric le Noble.

NISARD (Charles), de l'Institut. — Guillaume du Tillot : Un Valet ministre et Secrétaire d'État.

NORMAND (Jacques). — La Madone.

OHNET (Georges). — Serge Panine. (Ouvrage couronné par l'Académie française.) — Le Maître de Forges. — La Comtesse Sarah. — Lise Fleuron. — La Grande Marnière. — Les Dames de Croix-Mort. — Noir et Rose. — Volonté.

OSWALD (Fr.). — Le Trésor des Bacquancourt. — Jeu mortel.

PÈNE (Henry de). — Trop belle. (Ouvrage couronné par l'Académie française.) — Née Michon. — Demi-Crimes.

PERRET (Paul). — Sœur Sainte-Agnès.

PERRIN (Jules). — Le Canon.

PORADOWSKA (Marguerite). — Yaga.

PRADEL (G.). — La Faute de Madame Bucières. — Les Baisers du Monstre.

QUATRELLES. — A Outrance.

RENNELL RODD. — Frédéric III.

SAINT-CÈRE (J.). — L'Allemagne telle qu'elle est.

SARCEY. — Le Mot et la Chose. — Souvenirs de jeunesse.

SILVESTRE (Armand). — Les farces de mon ami Jacques. — Les malheurs du commandant Laripète. — Les Veillées de Saint-Pantaléon.

STENGER (Gilbert). — L'Amant légitime.

THEURIET (André). — La Maison des deux Barbeaux. — Les Mauvais Ménages. — Sauvageonne. — Michel Verneuil. — Eusèbe Lombard. — Au Paradis des Enfants.

VALLADY (Mat. I.). — Filles d'Allemagne. — France et Allemagne : Les deux Races.

VAST-RICOUARD. — Claire Aubertin. — Séraphin et Cie. — La Vieille Garde. — La Jeune Garde. — Madame Lavernon.

Contraste insuffisant
NF Z 43-120-14

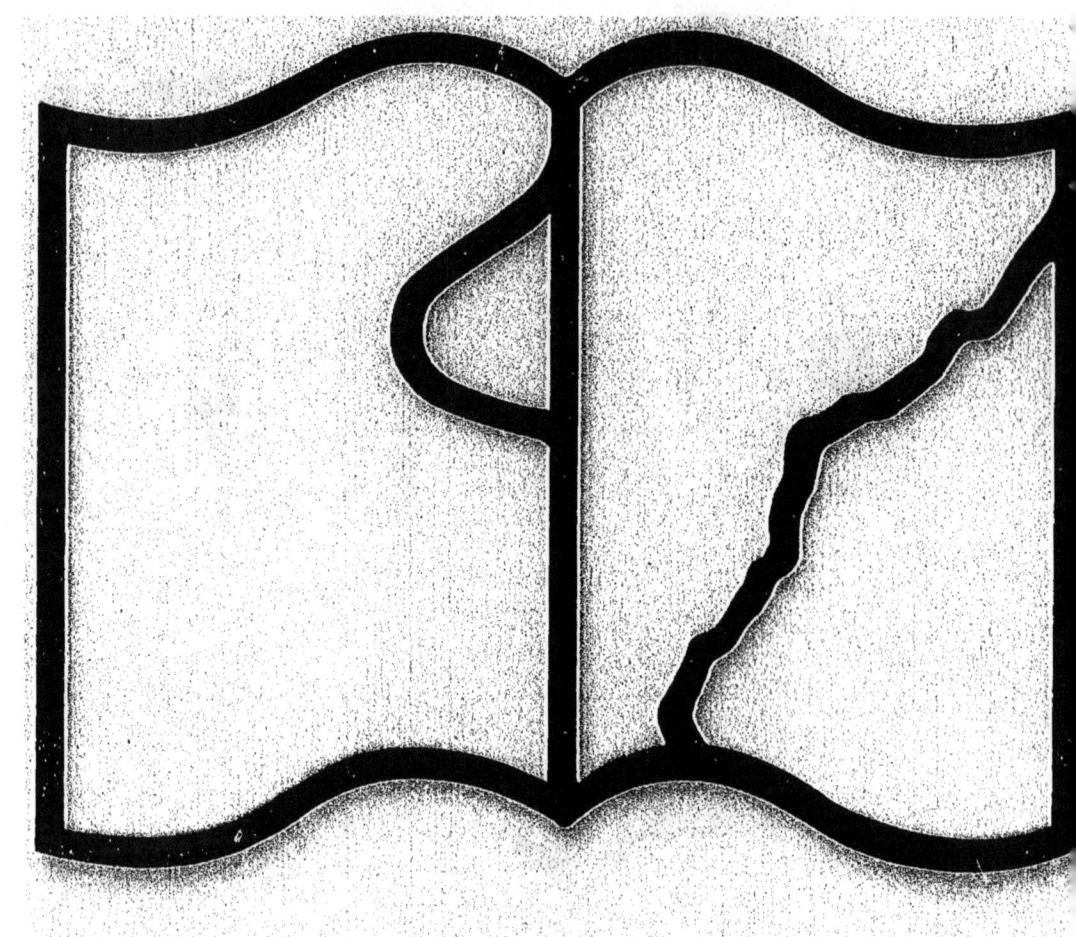

Texte détérioré — reliure défectueuse
NF Z 43-120-11

www.ingramcontent.com/pod-product-compliance
Lightning Source LLC
Chambersburg PA
CBHW050806170426
43202CB00013B/2582